NOTICE

SUR

M. LE BARON

PETIT DE LAFOSSE

NOTICE

SUR

M. LE BARON

PETIT DE LAFOSSE

TRÉSORIER PAYEUR GÉNÉRAL DE L'AVEYRON,
ANCIEN RECEVEUR GÉNÉRAL DES FINANCES DE L'ARIÉGE,
ANCIEN PRÉFET DE LA CREUSE, DE LA NIÈVRE ET DE LA HAUTE-VIENNE,
MEMBRE DE L'ACADÉMIE DE BELGIQUE,
OFFICIER DE L'ORDRE IMPÉRIAL DE LA LÉGION D'HONNEUR,
CHEVALIER COMMANDEUR
DE L'ORDRE PONTIFICAL DE SAINT-GRÉGOIRE-LE-GRAND DE ROME,
COMMANDEUR EXTRAORDINAIRE
DE L'ORDRE ROYAL AMÉRICAIN D'ISABELLE-LA-CATHOLIQUE D'ESPAGNE,
OFFICIER DE L'ORDRE ROYAL DE LÉOPOLD DE BELGIQUE

PAR M. ÉDOUARD RAMON

ANCIEN PROFESSEUR DE L'UNIVERSITÉ

TROISIÈME ÉDITION

PARIS

TYPOGRAPHIE DE AD. LAINÉ ET J. HAVARD
RUE DES SAINTS-PÈRES, 19

1867

LE BARON PETIT DE LAFOSSE.

Dans un temps comme le nôtre, où tout le monde se ressemble, on aime à rencontrer ces natures militantes qui tranchent sur la masse par un énergique relief.

On s'éprend pour ces hommes que la lutte fortifie et qui vont le grand chemin de l'honneur, armés qu'ils sont de l'initiative qui découvre le bien et de la persévérance qui l'accomplit. On s'incline devant ces personnalités puissantes, qui sont mieux que des hommes, qui sont des caractères ; et on étudie leurs actions comme des exemples à suivre, surtout quand leur vie, comme celle que nous allons raconter, a été consacrée tout entière au service et à la gloire du pays.

On a dit avec vérité que le courage civil est le plus difficile de tous les courages. Peu d'hommes ont poussé cette vertu plus loin que celui qui fait l'objet de cette biographie. Il en a donné de nombreuses preuves pendant une longue carrière administrative dans laquelle il a fait admirer les qualités les plus brillantes, les connaissances les plus variées et les plus profondes ; le tout rehaussé par une grande fermeté, qui s'unit en lui à une bienveillance exquise et à une courtoisie pleine de distinction.

M. le baron Petit de Lafosse est né le 16 mars 1805, à Orléans, où son père, un des plus éminents jurisconsultes de la magistrature et du barreau, remplissait avec éclat les fonctions de premier président de la Cour impériale ; il était fils lui-même de Jean-François Petit de Lafosse, l'un des négociants le plus en crédit sous le règne de Louis XV, dont le père avait été receveur général des fermes du Roi sous Louis XIV.

§ Ier

SON ENTRÉE DANS L'ADMINISTRATION EN 1830. — SOUS-PRÉFECTURE DE PITHIVIERS, 1830-1833. — LE CHOLÉRA EN 1832.

M. Petit de Lafosse fit de fortes études, et, au sortir du collége, attira sur lui l'attention par les promesses que son excellente éducation faisait concevoir. Après avoir suivi les cours de la Faculté de droit, il se fit inscrire sur le tableau des avocats de la Cour royale de Paris, et débuta au barreau d'une manière remarquable : mais bientôt la carrière administrative vint l'enlever à une profession dans laquelle la facilité de son élocution et la vivacité de son esprit l'eussent fait inévitablement distinguer.

Il avait à peine vingt-cinq ans, lorsque, le 15 août 1830, il fut nommé, par le roi Louis-Philippe, à la demande pressante du préfet et de tous les députés du Loiret (1), et sur le rapport de M. Guizot, ministre de l'Intérieur, aux fonctions de sous-préfet à Pithiviers, où il reçut le titre et le diplôme de membre de la Société royale des Sciences, Belles-Lettres et Arts d'Orléans. Cette distinction littéraire était d'autant plus précieuse pour lui qu'elle lui était décernée par ses concitoyens.

Il eut aussi l'occasion, à son début dans l'administration, de prouver au gouvernement et à ses compatriotes, tout ce que l'on pouvait attendre de son initiative, de sa volonté courageuse et de son abnégation dans l'exercice de ses fonctions.

Personne n'a oublié l'apparition subite en France du choléra en 1832. Ce cruel fléau ne fit pas moins de victimes dans certaines contrées qu'à Paris même. Mais c'est à Beaune-la-Rolande, surtout, chef-lieu de canton de l'arrondissement de Pithiviers, que les habitants furent plus que décimés. La terreur était au comble. Une partie de la population, restée valide, campait dans les champs et repoussait par la force ceux qui sortaient tardivement de la ville, tant on redoutait la contagion.

Partout des morts sans sépulture, des mourants dans les maisons, dans les rues, jusque dans

(1) M. le vicomte de Riccé et MM. Crignon de Montigny, Laisné de Villevèque, Alexandre Périer, le baron Roger et Sévin de Marcau.

l'église. Presque personne ne voulait plus les approcher. La peste était imminente sans la présence du magistrat qui vint soutenir le moral de quelques hommes restés courageux. On admira M. Petit de Lafosse, soignant les malades, enveloppant les morts, les portant au cimetière, et marchant de conserve, dans ces devoirs si dangereux, avec le maire, le curé et quelques rares habitants.

Les membres de l'Académie royale de médecine de Paris, envoyés sur les lieux pour conjurer le danger déjà si grand, rendirent, dans leur rapport au gouvernement, un éclatant hommage au jeune et vaillant sous-préfet de Pithiviers.

Dès cette époque, une belle carrière s'ouvrait devant lui, car M. le duc de Larochefoucauld d'Estissac, aide de camp du Roi, député de l'arrondissement de Pithiviers, lui écrivait, après avoir consulté M. Casimir Périer, ministre de l'Intérieur, *pour lui donner l'assurance qu'il ne quitterait Pithiviers que pour être préfet.*

Cependant il devait administrer encore trois sous-préfectures plus importantes, il est vrai : Clamecy (Nièvre), Romorantin (Loir-et-Cher) et Valenciennes (Nord).

§ II

M. PETIT DE LAFOSSE PÈRE.

M. Petit de Lafosse porte dignement un nom honorable. Son père, l'un des disciples les plus distingués du jurisconsulte Pothier, son compatriote, qui l'avait deviné et qui ne cessa de lui prodiguer des témoignages de bienveillance jusqu'au dernier jour de son professorat, fut, pendant trente années consécutives, le chef de la magistrature dans le ressort de la Cour d'Orléans, sa patrie. Il a été aussi successivement député de Montargis et d'Orléans, et, pendant six ans, sous le premier Empire, vice-président du Corps législatif. Il faut attribuer cette distinction moins à la réputation dont il jouissait lors de sa nomination qu'à ses travaux pendant les législatures dont il fit partie. Un membre de la Cour d'Orléans a résumé ainsi cette carrière si brillante et si utile :

« M. Petit de Lafosse avait été, sous l'ancien Régime, membre de l'Athénée de la langue française, à Paris, et membre de l'Université de jurisprudence.

« Avocat au Parlement, les suffrages des plus illustres magistrats et la confiance d'une nombreuse clientèle l'élevèrent, dès ses débuts, au premier rang parmi ses savants compétiteurs.

« Le célèbre jurisconsulte était de ceux qu'atteignaient les fureurs populaires. Forcé, pendant la Révolution, d'abandonner la carrière qui s'ouvrait si vaste devant lui, pour soustraire sa tête au fer du bourreau, il se réfugia près de sa ville natale, et forma, à Saint-Mesmin, dans l'ancienne abbaye, une fabrique de salpêtre, ce qui lui permit de subvenir, pendant quelque temps, à ses besoins et à ceux de sa famille.

« Cependant la société se rasseyait sur ses bases ébranlées, la magistrature fut reconstituée et abandonnée à l'urne électorale ; il fut alors, plusieurs fois, élevé aux fonctions de juge, et ses collègues, rendant un éclatant hommage à sa supériorité, le choisirent constamment pour leur président.

« Le gouvernement du Directoire exécutif désirait que M. Petit de Lafosse occupât le ministère de l'Intérieur, si important après la Révolution et dans un moment de transition ; mais il ne crut pas devoir accepter, voulant avant tout rester dans la magistrature. L'Intérieur fut alors confié à M. François de Neuf-Château, qui fut nommé, à l'avénement de Napoléon Ier, sénateur et comte de l'Empire.

« Ce savant magistrat a présenté, dans le cours de sa longue et utile carrière, un fait bien remarquable et peut-être unique dans les fastes judiciaires : sous sa présidence, un seul des arrêts rendus par la Cour d'Orléans et déférés à la Cour de cassation, a été, sur les conclusions de M. le comte Merlin de Douai, considéré comme n'ayant pas fidèlement interprété la loi ; le premier président, plein d'un juste orgueil, crut devoir, à cette occasion, ouvrir une discussion avec l'illustre procureur général, le plus savant jurisconsulte de l'Europe; il en est résulté que, si l'avis de celui-ci avait dû être exprimé de nouveau, il aurait hésité.

« La Cour, sous sa présidence, se plaça, par la sagesse de ses arrêts, au premier rang des Cours impériales de France.

« Napoléon Ier, relégué à l'île d'Elbe, revint aux Tuileries; il voulut tenir de nouveau sa couronne des mains de la France; il consentit à devenir le premier sujet de la loi : M. Petit de Lafosse fut député du Loiret au Champ de Mai. Nommé, par ses collègues, président de la commission chargée de la rédaction de l'adresse à l'Empereur (le président de l'Assemblée était M. le marquis de Carion-Nisas), il tomba de son siége de premier président avec l'Empire ; victime des réactions de 1815, il ne fut pas compris, par la Restauration, dans la réorganisation de l'ordre judiciaire. »

M. Thiers, dans son *Histoire du Consulat et de l'Empire*, énumère les fautes commises par les Bourbons, à leur rentrée en France en 1814 et en 1815, et aggravées dans presque toutes les grandes villes par des royalistes sincères sans doute, mais qui, dans leur exaltation aveugle, n'avaient, comme la branche aînée des Bourbons, *rien appris et rien oublié*. Il cite notamment les scandales produits par le refus de M. le duc d'Angoulême de recevoir les évêques de Di-

jon, de la Rochelle, l'archevêque de Besançon,
dont le prince ne voulut même pas visiter la cathé-
drale et qu'un officier de gendarmerie empêcha
de sortir du palais épiscopal, ce qui produisit un
effet immense dans la contrée.

L'illustre historien aurait pu ajouter aux faits
qu'il a relevés une circonstance beaucoup plus
grave, qui concerne M. Petit de Lafosse, et dont
la ville d'Orléans fut le théâtre à la même époque.

En sa double qualité de premier Président de
la Cour royale et de député du Loiret, M. le
baron Petit de Lafosse avait dû se rendre avec sa
femme et ses filles à la soirée donnée, à la Préfecture, à l'occasion de l'arrivée de M. le duc
d'Angoulême.

M. le premier Président venait à peine d'être
annoncé; il traversait les salons qui précédaient
celui où se tenait le héros de la fête et se diri-
geait vers lui pour lui présenter ses hommages,
lorsqu'un individu, revêtu de l'uniforme de la
garde urbaine à cheval, appréhenda, pour ainsi
dire, M. Petit de Lafosse, et osa lui reprocher sa
présence, en l'apostrophant de la manière la plus
brutale.

Que viens-tu faire ici? s'écria cet homme, de
manière à être entendu du Prince et du plus
grand nombre des invités, *retire-toi, séide de*
BUONAPARTE... *va retrouver ceux qui, comme toi,
ont servi ce* MONSTRE... *vous êtes tous des* JACO-
BINS!...

Toute l'assistance fut vivement émue par cet
outrage gratuit, à l'abri duquel devait se croire

un vieillard si vénérable et un magistrat si éminent, que ses travaux et ses services avaient fait l'une des gloires de son pays natal.

M. le premier Président garda tout son sang-froid, et fut sublime de majesté dans cette scène digne du pinceau d'un grand peintre d'histoire ; sans se déconcerter sous les invectives de cet énergumène, il se contenta de jeter un regard plein de gravité vers le préfet comme pour lui exprimer dans cette interrogation muette, une plainte et une requête à la fois.

C'était lui demander justice des lois de l'hospitalité si indignement violées en la personne de celui qui devait le moins s'y attendre et en la présence de l'hôte qui avait pour devoir sacré de les faire respecter.

Le préfet, pâle de stupeur, étant resté silencieux et embarrassé, M. le premier Président fit signe à madame Petit de Lafosse et à ses deux filles qui avaient été déjà placées par les commissaires de la fête sur des siéges d'honneur, de venir le rejoindre, et, donnant le bras à sa femme, il se retira lentement avec une dignité sereine que ne purent s'empêcher d'admirer les royalistes les plus ardents, qui ont toujours déploré alors et depuis l'inqualifiable conduite tenue en cette circonstance.

Quelques magistrats, témoins de cette scène scandaleuse, firent spontanément cortége à leur Président, qu'ils accompagnèrent jusqu'à sa voiture, protestant par là, et lui faisant, pour ainsi dire, un rempart contre les injures d'*un seul !* Ce courage causa leur disgrâce, et ils furent compris, quelques jours après, dans le décret qui proscrivait leur chef (1).

Ainsi fut brisée la carrière glorieuse de l'une des renommées les plus pures de la magistrature et des assemblées législatives.

Nous devons ajouter, pour être complétement impartial, que le gouvernement du roi Louis XVIII, poussé par un profond sentiment

---

(1) Ces scènes, sans nom aujourd'hui, faites à des Princes de l'Église et à un député, magistrat éminent, caractérisent une époque introuvable de fureurs politiques, où des énergumènes, *plus royalistes que le Roi*, poussaient la démence jusqu'à tutoyer, comme en 93, les hommes les plus dignes de respect, et jusqu'à dénaturer stupidement le nom magique de Napoléon Bonaparte. Les générations qui nous succéderont auront peine à croire à la sincérité et à la réserve si grande cependant de M. Thiers dans son *Histoire*, à jamais illustre, *du Consulat et de l'Empire*.

M. Léon Verdier, de son côté, s'exprime ainsi dans son *Histoire de la Restauration :* « A Besançon, le scandale fut aussi grand que possible ; le duc d'Angoulème ne voulut pas voir l'archevêque qu'il fallut tenir prisonnier dans son palais. A Orléans, le premier président, ancien vice-président du Corps législatif, fut insulté sous les yeux mêmes du Prince qu'il était venu saluer ; il se retira, suivi de quelques conseillers, qui furent destitués comme lui. En même temps, le général, comte Exelmans, était puni pour avoir écrit au roi Murat, comme coupable d'avoir entretenu une correspondance avec l'ennemi, quoique Murat, encore reconnu roi de Naples par toute l'Europe, ne fût pas en guerre avec la France. Le général de division, comte Vandamme, était chassé des Tuileries presque par la force. Le duc de Berry avait fait au Nord un voyage militaire dont il ne reste qu'un mot malheureux ; il commit la faute d'appeler vingt-cinq années de luttes glorieuses, *des années de brigandage ;* les soldats, même en sa présence, au lieu de : Vive le Roi, criaient : Vive l'Empereur !

« La situation était donc devenue mauvaise, et tout contribuait à l'empirer... Le gouvernement fut forcé de revenir sur toutes ces mesures, mais le mécontentement était produit... »

de regret, en présence d'une disgrâce qui contrastait si fort avec la grandeur des services rendus, chercha à réparer cette rigueur imméritée. Mais, malgré les vives instances de M. le baron Hyde de Neuville, ami particulier du roi, d'accord avec M. le marquis de Barbé - Marbois, garde des sceaux, ministre de la Justice en 1817, renouvelées par M. le comte de Serre, ministre de la Justice en 1818, le Roi, qui ne voulait pas reconnaître les services les plus marquants rendus sous le Consulat et sous l'Empire, se borna à conférer, en 1819, à ce magistrat, ancien législateur si recommandable, le vain titre, si justement acquis du reste, de premier Président honoraire de la Cour royale d'Orléans.

L'Empereur estimait particulièrement les talents et le caractère personnel de M. Petit de Lafosse. Aussi lui avait-il conféré, en 1808, le titre de chevalier de l'Empire, et, en 1813, le titre, héréditaire dans sa famille, de *baron de l'Empire*.

On lit dans une notice biographique, écrite en 1832, après la mort de cet éminent magistrat, par le même auteur que nous avons cité plus haut : « Le temps de ses loisirs ne sera pas perdu ; « il laisse des manuscrits que son nom recom- « mande déjà à l'examen empressé de la magis- « trature et du barreau.

« Le premier Président, si remarquable par « l'étonnante activité de ses facultés morales,

« comprenait parfaitement la dignité de sa posi-
« tion et celle du corps à la tête duquel il était
« placé. Bienveillant, plein d'aménité, il entraî-
« nait par la simplicité et le charme de ses ma-
« nières et de sa conversation ; jamais le savoir
« n'a revêtu des formes plus agréables ; jamais
« une haute position, sans rien perdre de la con-
« sidération qu'elle s'attribue et qui lui appar-
« tient, n'a été dissimulée avec plus de naturel et
« de loyauté.

« Les derniers instants de cet homme supé-
« rieur ont été consolés par les soins de sa véné-
« rable compagne, de ses enfants, et ceux de
« son gendre, M. Espiaud, membre de l'Aca-
« démie, l'un des médecins les plus éclairés de
« la capitale, et, précédemment, médecin de
« Napoléon pendant son séjour à l'île
« d'Elbe (1). »

Un grand nombre de magistrats et de personnes marquantes du ressort de la Cour royale
d'Orléans s'empressèrent d'écrire à M. Petit de
Lafosse, sous-préfet de Pithiviers, à l'occasion de
la mort de son père, de vénérable mémoire. Nous
nous bornerons à citer la lettre de M. le comte

(1) M. le docteur Espiaud eut aussi l'honneur d'accompagner,
après *les Cent-Jours*, conformément à la recommandation que lui
avait faite l'Empereur, madame la princesse Borghèse, sœur de Sa
Majesté, dans son exil à Rome, pendant que l'Empereur était conduit
prisonnier à Sainte-Hélène, et, à son retour d'Italie, il épousa la
sœur puînée de M. Petit de Lafosse, réalisant ainsi le vœu que l'Empereur avait exprimé à Sainte-Hélène pour que ses plus fidèles sujets
dans ses adversités s'alliassent à des familles toujours dévouées à la
dynastie impériale.

de Morogues, pair de France, l'un des publicis-
tes les plus distingués de cette époque.

« Orléans, le 22 janvier 1832.

  « Monsieur le Baron,

  « J'ai appris avec un vif regret la perte dou-
« loureuse que vous venez d'éprouver. Cet évé-
« nement a retenti dans tout l'Orléanais, qui
« comptait monsieur votre père au nombre de
« ses meilleurs citoyens : le magistrat le plus in-
« tègre, le plus éclairé de la Cour et le plus
« homme de bien peut-être, a laissé dans les
« cœurs de ceux qui savent apprécier la dignité
« et l'élévation du caractère, un souvenir de res-
« pect et d'admiration que sa mort même n'étein-
« dra pas. Sa vie tout entière est un modèle
« laissé à ses successeurs ; il n'en est aucun qui
« ait la prétention de l'avoir égalé, il leur a
« manqué l'épreuve si honorablement subie par
« monsieur votre père. Grand magistrat, il a été
« plus grand encore après en avoir déposé les
« insignes (1). »

  M. Petit de Lafosse avait débuté dans la vie

---

(1) Cet honorable magistrat avait travaillé, en faisant son droit,
chez un notaire de Paris. Le patron et tous ses clercs ont eu une
telle destinée, si glorieuse ou si extraordinaire, que l'étude qu'ils
composaient restera sans doute la plus célèbre dans les fastes du
notariat :

Le notaire, M. Bévière, est devenu sénateur et comte de l'Empire ;

Le maître clerc, M. Petit de Lafosse, législateur, premier président et baron de l'Empire ;

Le second clerc, M. Andrieux, conseiller à la Cour de cassation,

sous les plus glorieux auspices. Son parrain, M. de Larsonier, premier échevin de Paris, fier de tous ses succès dans les colléges et dans les écoles, l'avait pris en affection des plus vives et lui légua sa fortune. Il fut aussi l'un des élèves favoris, à Orléans, du célèbre jurisconsulte Pothier ; et Benjamin Franklin, l'illustre président de la Pensylvanie, à qui il avait été présenté par Turgot, ne cessa de lui donner des marques de sa haute sympathie et de son tendre intérêt, pendant les huit années qu'il passa en France, de 1776 à 1785 ; dès l'âge de vingt-quatre ans, il était honoré du commerce familier des littérateurs et des philosophes, ces rois spirituels de la France intellectuelle.

Franklin, étonné de la rare aptitude de M. Petit de Lafosse pour les conceptions les plus élevées, le distingua et le devina dès le premier jour qu'il le vit ; et, plus tard, la veille de son départ pour retourner en Amérique, le sage de Philadelphie, alors âgé de soixante-dix-neuf ans, voulut profiter d'une dernière réunion, à Auteuil, chez madame Helvétius (née comtesse de Ligniville d'Autricourt, de la Maison de Lorraine), pour laisser des témoignages de sa profonde estime à

poëte célèbre, professeur au collége de France et membre de l'Académie française ;

Le troisième clerc, M. Bouquerot de Voligny, député au Corps législatif et président de Cour impériale ;

Le quatrième clerc, M. Humbert, général de brigade et baron de l'Empire ;

Mais le petit clerc, M. L......, *souffre-douleur,* comme on les appelait à cette époque, étant parti pour la Turquie, y est mort empalé.

celui qu'il était heureux d'appeler son jeune ami ; il remit de sa propre main ses *Mémoires* et ses *OEuvrcs* à M. Petit de Lafosse, auquel il voulut encore donner sa bénédiction, en mêlant à cet adieu suprême une pensée religieuse et le vœu d'un brillant avenir.

La maison de la veuve de l'illustre littérateur et philosophe français resta, après la mort d'Helvétius, le rendez-vous de toute les gloires de ce temps-là. Cette tradition d'hospitalité et d'élégance s'y était conservée. Et comment en eût-il été autrement? Les deux filles du philosophe, la comtesse de Meun et la comtesse d'Andlau, aussi distinguées et aussi spirituelles que leur mère, trônaient à côté d'elle dans ce salon où se faisaient remarquer Voltaire, Buffon, Jean-Jacques Rousseau, Necker, Mably, Marmontel, Condillac, Beaumarchais, Ducis, Gresset, Bernardin de Saint-Pierre, Florian, Lacondamine, d'Holbach, d'Alembert, Turgot, Jefferson, Chamfort, le cardinal Maury, l'abbé Morellet, l'abbé Raynal, Dupaty, Cabanis, Laharpe, Destutt de Tracy, Vaucanson, le marquis de Condorcet, mademoiselle de l'Espinasse, la comtesse de Genlis, la comtesse Fanny de Bauharnais, et Bonaparte, à son retour d'Égypte.

C'est en présence et, pour ainsi dire, sous les auspices de ces grandes célébrités du dix-huitième siècle, que M. Petit de Lafosse avait reçu des mains de l'homme extraordinaire qui remplissait alors le monde de l'éclat de ses vertus et de son génie, le baptême des talents éminents et des di-

gnités qui l'ont ensuite distingué pendant plus
d'un demi-siècle.

§ III

SOUS-PRÉFECTURE DE CLAMECY. 1833-1839.
MOUVEMENTS INSURRECTIONNELS, EN 1835 ET 1837.

M. Petit de Lafosse fut promu à la sous-préfecture de Clamecy, en 1833, par suite des rapports les plus honorables de M. Saulnier, conseiller d'État, préfet du Loiret, et sur la proposition
de M. le comte d'Argout, ministre de l'Intérieur,
en remplacement de M. Mocquard, non acceptant.
M. Mocquard était, à cette époque, sous-préfet
de Bagnères; il est décédé, en 1864, chef du cabinet de l'Empereur et Sénateur.

Ce nouveau poste fournit à M. Petit de Lafosse l'occasion de déployer une conduite pleine
de courage et d'une prudente énergie dans les
mouvements insurrectionnels de 1835 et 1837.
Ces troubles nécessitèrent la présence de plusieurs
régiments. M. le sous-préfet, qui ne comptait pas
avec le dangers quand son devoir le poussait en
avant, fut blessé grièvement à l'épaule dans le
mouvement de 1837. Son attitude et son courage,
en présence de l'insurrection, lui attirèrent les
éloges les plus flatteurs de la part de M. Thiers,
et de M. le comte de Montalivet, ministres de l'Intérieur, et de M. le comte Roy, ancien ministre
des Finances, lequel était plus directement inté-

ressé au rétablissement de l'ordre dans l'arrondissement de Clamecy, où il possédait des pro-
priétés d'une valeur très-considérable.

M. Petit de Lafosse fut nommé, à la suite des
soulèvements de 1835, chevalier de la Légion
d'honneur. M. Thiers, qui lui conféra cette
distinction, l'accompagna de ce témoignage honorable : « *Vous avez déployé, dans ces circonstances difficiles, une énergie et une activité également dignes d'éloges ; je m'empresse de vous en
témoigner toute ma satisfaction.* »

Il avait déjà reçu, avant ces graves événements,
de M. Dupin, président de la Chambre des Députés, cette lettre qui témoignait si bien en faveur de ses talents comme administrateur : « Mon
« cher Sous-Préfet, j'écris *avec instance* à M. le
« Ministre de l'Intérieur pour lui exposer vos ti-
« tres à la croix d'honneur, et lui exprimer mon
« désir de vous voir obtenir cette récompense
« méritée par une administration intelligente qui
« a eu d'excellents résultats. »

M. Badouix, préfet de la Nièvre, avait adressé,
de son côté, en 1834, au Ministre de l'Intérieur
et des Cultes, le rapport suivant qui est un hommage précieux pour le fonctionnaire qui en est
l'objet : « J'ai eu l'honneur d'écrire, il y a plu-
« sieurs mois, à Votre Excellence, pour lui par-
« ler des droits que pouvait avoir à la décoration
« de l'ordre de la Légion d'honneur, M. Petit de

« Lafosse, sous-préfet de Clamecy. Depuis cette
« époque, je suis de plus en plus satisfait de son
« administration. Sa conduite a surtout puissam-
« ment contribué à l'amélioration de l'esprit pu-
« blic dans la ville de Clamecy, où il a fait cesser
« les divisions acerbes qui étaient si affligeantes,
« et où il a ramené, par ses manières sages et
« conciliantes, beaucoup de citoyens au Gouver-
« nement.

« M. Petit de Lafosse s'est voué, en outre,
« avec un zèle digne des plus grands éloges, aux
« travaux et aux entreprises qui pouvaient con-
« tribuer à la prospérité de son arrondissement,
« où la population tout entière rend justice à
« ses excellentes intentions et à ses soins infati-
« gables.

« C'est un devoir pour moi de rendre cette
« justice à M. Petit de Lafosse ; ce serait un bon-
« heur, si mon témoignage pouvait contribuer à
« lui faire obtenir une distinction *qu'il mérite*,
« et qui serait un utile encouragement pour
« tous les administrateurs qui se font remarquer
« par leur zèle, leur conduite et leurs succès. »

En 1836, M. Edmond Blanc, conseiller d'État,
directeur du personnel au ministère de l'Intérieur, écrivit à M. Philippe Dupin : « M. Petit
« de Lafosse, sous-préfet de Clamecy, est dési-
« gné comme l'un des premiers auxquels le mi-
« nistre (M. le comte de Gasparin) est dans l'in-
« tention d'accorder de l'avancement ; et j'espère
« que ses vœux et les vôtres ne tarderont pas à

« se réaliser. Je serai charmé d'avoir l'occasion
« de contribuer à cet acte de bonne justice. »

Vers le même temps, M. le comte Roy, pair de
France, ancien ministre des Finances, avait spon=
tanément écrit en ces termes à M. Petit de Lafosse : « J'ai vu M. le ministre de l'Intérieur pour
« l'entretenir de vos droits à une préfecture ; il
« m'a dit qu'il ne perdrait pas de vue ce qui
« pourrait vous intéresser..... Il m'a aussi ré-
« pondu d'une manière *très-satisfaisante* sur l'o-
« pinion qu'il avait de votre administration. »

La nomination de M. le sous-préfet de Clamecy à une préfecture paraissait si prochaine,
que déjà M. Dupin, président de la Chambre des
députés, lui avait adressé ce témoignagne si flatteur de sympathies et de regrets : « Mon cher
« Sous-Préfet, quoiqu'il fût de notre intérêt de
« vous conserver, je ne puis blâmer votre désir
« légitime d'obtenir un avancement mérité par
« vos bons services. Je voudrais que ma recom-
« mandation eût, sur les choix de Son Excellence,
« une influence immédiate, votre succès serait
« certain..... Je n'en donnerai pas moins le bon
« témoignage que je vous dois.

« Votre bien affectionné,

« DUPIN. »

En 1837, le préfet de la Nièvre, M. Badouix,
dont nous parlions quelques lignes plus haut,

s'exprimait ainsi dans son rapport au Gouvernement sur les mouvements insurrectionnels :
« M. Petit de Lafosse, sous-préfet, a montré un
« zèle, une activité, un dévouement au-dessus
« de tout éloge. La municipalité de Clamecy n'a-
« gissait, en toute occasion, qu'avec une mollesse,
« une timidité que je ne saurais assez blâmer. Le
« commissaire de police ne faisait quelque ser-
« vice qu'en tremblant et a donné sa démission :
« sa terreur était telle qu'il a formellement re-
« fusé d'assister la gendarmerie pour procéder
« aux arrestations ; les agents de police ont eu la
« même pusillanimité pour indiquer les demeu-
« res des individus qu'il s'agissait d'arrêter.

« Enfin, je ne saurais peindre la crainte re-
« doutable qu'avaient les plus notables habitants
« de rien faire qui pût les compromettre envers
« les flotteurs.

« M. Petit de Lafosse a suppléé à tout par son
« activité, qui ne se relâchait *ni nuit ni jour,* qui
« a pourvu à tous les besoins du moment, et qui
« a surmonté tous les embarras qu'occasionnait
« la présence inopinée d'un bataillon d'infanterie
« et de deux régiments de cavalerie (1). »

M. le comte de Montalivet lui écrivit, quand
tout fut pacifié : *Je ne puis que vous féliciter de
la conduite ferme, prudente et courageuse que*

---

(1) L'un de ces deux régiments, le 1er de lanciers, était commandé par le colonel, comte Regnault de Saint-Jean-d'Angély, aujourd'hui maréchal de France, qui a conservé pour M. Petit de Lafosse une haute et affectueuse estime, après avoir passé près de quinze jours chez lui à la sous-préfecture de Clamecy.

vous avez tenue dans ces fâcheuses circonstan-
ces... Recevez encore mes félicitations sur l'heu-
reuse issue des dernières journées. Je l'espérais
du déploiement de la force armée, et j'en rap-
porte la satisfaction à la sagesse et à la fermeté
de votre conduite.

M. Dupin, président de la Chambre des députés, lui manda également : « Mon cher Sous-
« Préfet, je déplore les funestes troubles dont
« vous m'avez fait parvenir les détails. Il me re-
« vient, de tous côtés, que vous avez bien fait
« votre devoir. »

Et, à propos d'un journal d'opposition qui
avait tenté de dénaturer la conduite si belle et si
ferme de M. Petit de Lafosse, M. le président de
la Chambre des députés lui écrivait encore : « Mon
« cher Sous-Préfet, vous êtes bien bon de vous
« occuper de ce qu'un sot journal a pu dire de
« vous ; autant en emporte le vent. —On donne
« de l'importance à ces choses-là, en les relevant.

« Mille compliments affectueux,

« DUPIN. »

Enfin, le premier avocat général à la Cour de
Bourges, M. Corbin, constatait, dans son acte
d'accusation contre les quarante inculpés traduits devant la Cour d'assises de la Nièvre, que
la conduite de M. le sous-préfet de Clamecy avait

été constamment remarquable par la prudence et l'énergie.

M. Petit de Lafosse faillit, néanmoins, apprendre à ses dépens, au mois de novembre 1838, que souvent, dans la carrière administrative, on est d'autant plus inquiété qu'on a fait plus de bien.

Par suite de renseignements erronés, il avait été nommé sous-préfet à l'Argentière, dans l'Ardèche.

Cette disgrâce n'eut aucune suite, et ne fit qu'accroître la profonde estime qu'on lui avait vouée dans la Nièvre.

A cette nouvelle imprévue, M. Badouix, préfet du département, s'était empressé de lui écrire : « Mon cher Sous-Préfet, je n'ai que le temps de « vous exprimer ma douleur et de vous envoyer « une lettre pour M. le Ministre de l'Intérieur. « Puisse-t-elle être de quelque effet, et puissent « les efforts de ma sincère amitié pour vous ne « pas rester infructueux! Il y a des hommes bien « lâches et bien vils, dans l'ombre odieuse dont « ils s'enveloppent! »

« Nevers, le 5 novembre 1838.

« Monsieur le Ministre,

« M. Petit de Lafosse, sous-préfet de Clamecy, « me fait part des craintes qu'on lui donne d'un « changement d'après lequel il serait envoyé à « l'Argentière.

« J'ai besoin d'exprimer à Votre Excellence
« combien j'éprouverais une peine profonde d'un
« pareil changement, qui ne serait qu'une dis-
« grâce.

« Je considère M. Petit de Lafosse comme le
« premier des sous-préfets de mon département.
« Il est instruit, actif, dévoué ; il est très-aimé
« dans son arrondissement, où il a fait beaucoup
« de bien ; il a montré, dans des circonstances
« graves, un caractère également énergique et
« sage.

« Si on a fait des rapports défavorables à Votre
« Excellence sur le compte de ce sous-préfet,
« j'affirme, *sur mon honneur,* qu'ils sont mal
« fondés, et je regarde comme un de mes pre-
« miers devoirs, de mes plus impérieux, de le
« défendre.

« Je viens donc supplier instamment Votre
« Excellence, au nom de l'équité ; et si ma voix
« avait le malheur de ne pas être entendue quand
« je défends une cause aussi juste, je craindrais
« qu'un triste découragement ne s'emparât de
« l'esprit des fonctionnaires les plus dévoués.

« Votre Excellence, dans tous les cas, appré-
« ciera la puissance des motifs qui me dictent
« cette démarche. »

« Château de Marcilly, près Corbigny, le 7 novembre 1838.

« A M. Petit de Lafosse, sous-préfet, le maire
  « de Cervon, arrondissement de Clamecy, an-
  « cien député de la Nièvre, président du Con-
  « seil général du département.

  « J'ai relu votre lettre dix fois, et je ne puis
« encore croire à son contenu, j'en demeure
« anéanti. Si c'est ainsi que le gouvernement
« récompense le dévouement, le mérite et les
« loyaux services, vaut mieux être de ses enne-
« mis que de ses amis Je ne vous dirai rien de
« mes regrets et de ma douleur personnelle, vous
« me rendrez assez de justice pour les prévoir :
« sept années de relations qui m'avaient mis à
« même de vous apprécier, administrativement
« et privativement, me rendent extrêmement
« sensible le coup injuste et imprévu qui vient
« de vous frapper. Mais c'est au malheur de l'ar-
« rondissement que je pense, c'est aux regrets
« universels qui vont vous suivre. Vous aviez su
« commander l'estime par votre honorable ca-
« ractère, acquérir la confiance générale par votre
« mérite, votre délicate loyauté dans tous vos
« rapports administratifs, votre équitable appli-
« cation des lois, et votre actif dévouement aux
« intérêts qui vous étaient confiés ; enfin vous
« aviez constamment travaillé au bien du pays,
« soit par vos soins, soit par votre heureuse in-
« fluence. La perte d'un si digne administrateur

« est une calamité publique, et c'est ainsi qu'elle
« sera vue de tous vos administrés.

« Une pareille ingratitude d'un pouvoir que
« vous avez si loyalement servi, est plus bles-
« sante encore qu'affligeante, et je conçois, en
« la partageant, toute la peine que vous en
« éprouvez.

« S'il m'est arrivé, une seule fois depuis un
« an, de regretter de n'être plus un homme pu-
« blic et de n'avoir plus le droit officiel de re-
« montrances, certes c'est aujourd'hui en pré-
« sence d'une aussi coupable injustice dont j'eusse
« demandé, exigé même la réparation.

« Quand un gouvernement marche dans de
« telles voies de perdition, c'est le cas de répéter
« ce mot fameux : *Malheureux roi, malheureuse*
« *France !*

« Comte HECTOR LEPELETIER D'AUNAY. »

§ IV

SOUS-PRÉFECTURE DE ROMORANTIN. — 1839.

Après ces témoignages des deux plus grandes
autorités du département, et les plus compéten-
tes, auxquels se joignit spontanément l'opinion
publique vivement émue par une aussi grave erreur, M. Petit de Lafosse fut nommé de suite,
avec la promesse d'un avancement important
avant peu, à Romorantin, qu'il avait demandé,

comme résidence provisoire à cause de sa proximité de Paris et de sa dépendance du ressort de la Cour royale d'Orléans, où il trouvait ainsi l'occasion de rappeler, encore une fois, et de perpétuer les souvenirs du nom qu'il se fait gloire de porter.

L'Écho de la Nièvre, journal dévoué au gouvernement, avait fait paraître cet article courageux au moment de la disgrâce de M. Petit de Lafosse : « Par cela même que le ministère ac« tuel a pu compter jusqu'à présent sur notre « adhésion franche et loyale autant qu'indépen« dante, nous ne devons pas non plus lui épar« gner la vérité, et nous la lui faisons plus sé« vère encore quand ses actes nous paraissent de « nature à mériter le blâme.

« Aujourd'hui, voici une ordonnance qui re« tire tout à coup de l'arrondissement de Cla« mecy un sous-préfet généralement estimé. Ad« ministrateur intelligent et actif, de mœurs « douces et faciles, dans l'occasion homme de « cœur et de tête, ainsi qu'on l'a vu pendant les « troubles de Clamecy, M. Petit de Lafosse s'é« tait acquis dans son arrondissement l'estime et « l'affection générales. La nouvelle imprévue de « son remplacement a causé dans le pays autant « de surprise que de mécontentement, et l'on se « demande en vain quels motifs graves ont né« cessité la mesure qui frappe aussi cruellement « un administrateur très-regrettable sous tous « les rapports. Nous ne faisons pas au gouverne-

« ment l'injure de croire qu'il suffit des sugges-
« tions de quelques coteries pour faire aussi bon
« marché de l'existence d'un préfet ou d'un sous-
« préfet ; mais toujours est-il que de pareils
« actes le compromettent gravement aux yeux de
« ses véritables amis , en le livrant sans défense
« aux imputations haineuses de ses adversaires.
« Nous désirons vivement que le Ministère dé-
« trompé rende à M. Petit de Lafosse prompte
« et éclatante justice. »

§ V

SOUS-PRÉFECTURE DE VALENCIENNES, 1840-1847. — GRÈVE DES OUVRIERS MINEURS D'ANZIN ET DE DENAIN, EN 1846.

Un an après, au mois de janvier 1840, il fallait, pour être à la tête de l'importante administration de Valenciennes, un fonctionnaire qui sût
à une grande habileté allier cette fermeté qui se
concilie avec la prudence. M. le Ministre de l'Intérieur , à la recommandation pressante de
M. Quesnaut, conseiller d'État, directeur du
personnel au ministère de l'Intérieur, trouva
toutes ces qualités réunies en la personne de
M. Petit de Lafosse, qui, dans le nouvel arrondissement à la tête duquel il était placé, montra
un talent très-rare au milieu de fort sérieuses
difficultés. Malgré des obstacles presque invin-
cibles, il réussit à former, deux fois, à Valenciennes, une administration municipale qui man-

quait depuis plusieurs années, et justifia ainsi
l'opinion de M. le comte de Lézai-Marnézia, pair
de France, préfet de Loir-et-Cher, qui avait écrit
à son collègue du Nord : « M. le baron Petit de
« Lafosse passe de la sous-préfecture de Romo-
« rantin à celle de Valenciennes. Autant je suis
« affligé de le perdre, autant je vous félicite de
« l'avoir sous vos ordres. A l'expérience des af-
« faires, à la connaissance des hommes, à beau-
« coup d'habileté à les manier, à beaucoup d'in-
« telligence, il joint un caractère à la fois ferme
« et conciliant, de la volonté, des formes aima-
« bles et des principes politiques solides, qui
« sont ceux, je crois, que vous estimez. »

A peine était-il installé à Valenciennes qu'il
recevait ce témoignage spontané, qui devait d'autant plus l'enorgueillir qu'il glorifiait son père
et qu'il était signé par l'éminent recteur de l'Académie de Douai : « Je me félicite sincèrement
« d'entrer en relations avec un fonctionnaire
« dont le langage loyal, ferme et mesuré an-
« nonce un caractère élevé et un administrateur
« digne du nom honorable qu'il porte et qui a
« jeté autrefois un véritable éclat dans la car-
« rière de la magistrature. Je suis d'Orléans, et
« je sais quels souvenirs y a laissés monsieur vo-
« tre père. »

M. le vicomte de Saint-Aignan, conseiller
d'État, préfet du Nord, lui écrivait, deux ans
après, en 1842, au milieu des complications ad-

ministratives les plus graves : « Bon courage,
« mon cher Sous-Préfet : vous n'êtes pas sur un
« lit de roses, mais vous trouvez dans votre dé-
« vouement assez de résignation pour ne pas
« trop vous en plaindre. Vous pouvez être bien
« sûr de trouver en moi un appui constant et un
« appréciateur de vos bons services. J'aime à
« vous le dire. »

Le 1er mai 1843, il fut nommé officier de la
Légion d'honneur, grade dont son père avait
reçu les insignes de la main même de l'Empereur Napoléon Ier, dans un temps où cette précieuse distinction n'était conférée, dans l'ordre
judiciaire, qu'aux hommes du plus rare mérite.

Au mois de juillet 1844, S. M. le roi des Belges, en passant à Valenciennes, daigna lui remettre, sur la proposition de M. le comte Goblet,
son ministre des Affaires étrangères, la croix
d'officier de l'ordre royal de Léopold, en lui
adressant les paroles les plus flatteuses sur sa
coopération, depuis cinq ans, dans tous les
travaux internationaux de la France et de la
Belgique.

A la nouvelle de cette récompense, pour laquelle il avait aussi appelé l'attention du roi des
Belges, M. le marquis de Rumigny, ambassadeur
de France à Bruxelles, écrivit à M. Petit de Lafosse : « Aidé, comme je l'ai été, par des services
« aussi signalés que les vôtres, je n'ai malheureu-

« sement aucun mérite à des succès dont vous
« voulez bien me savoir gré, et à une récompense
« si bien justifiée. Je me félicite de la bonne
« grâce avec laquelle le Roi a aimé à vous remet-
« tre le témoignage des sentiments que vous lui
« avez inspirés. Sa Majesté en parle toujours
« avec la même satisfaction. Je ne doute pas
« qu'Elle ne se plaise à vous en répéter l'expres-
« sion, lorsque vous viendrez à Bruxelles. »

La Reine des Belges honorait aussi M. le baron
Petit de Lafosse de son auguste bienveillance.
Après un dîner au palais royal de Bruxelles,
auquel il avait été invité par ordre de Leurs Ma-
jestés, la Reine lui demanda s'il avait l'intention
d'aller bientôt à Paris. A sa réponse qu'il devait
s'y rendre le lendemain directement, pour affaires urgentes de service, *voulez-vous bien alors*,
répliqua la reine avec une délicatesse exquise,
*vous charger pour ma mère d'une lettre que je lui
écrirai demain?* — Deux jours après, M. le sous-
préfet de Valenciennes avait l'honneur d'être
reçu par la Reine des Français, et de lui remettre la dépêche de la reine des Belges.

C'est en 1846 qu'éclata cette formidable grève
des ouvriers mineurs d'Anzin et de Denain. Les
proportions qu'elle prit, sa longue durée, les ten-
tatives de révolte qu'elle occasionna et qui menaçaient de s'étendre en Belgique, obligèrent le
gouvernement à concentrer plusieurs régiments
autour de Valenciennes. M. le sous-préfet se mon-

tra, comme toujours, à la hauteur de sa difficile position. Nous citerons, parmi les attestations éclatantes qu'il en recueillit, une lettre de M. le lieutenant général de Saint-Yon, ministre de la Guerre, dans laquelle nous lisons ce qui suit :

« Mon cher Baron , je connais le zèle et la
« consciencieuse habileté dont vous donnez
« chaque jour tant de preuves..... Le gouverne-
« ment du Roi apprécie, n'en doutez pas, les
« services que vous avez rendus et le bien que
« vous avez fait dans l'important arrondissement
« de Valenciennes, et, en mon particulier, je
« serai fort heureux de contribuer à vous en
« faire accorder promptement la juste récom-
« pense. »

M. le comte Duchâtel, ministre de l'Intérieur, saisit, de son côté, cette occasion, sur les rapports de M. le baron Maurice Duval, pair de France, préfet du Nord, qui exposait que *M. le Sous-Préfet avait déployé une véritable habileté en arrêtant la sédition par son énergie, et en la réprimant sans recourir à l'emploi de la force armée autrement que pour contenir l'émeute,* pour lui faire présager, en ces termes flatteurs, sa prochaine nomination à une préfecture :

« Je m'empresse de vous féliciter des heureux
« résultats qui sont dus à l'attitude ferme et
« prévoyante de l'Administration ; j'apprécie le

« zèle et le dévouement dont vous avez fait preuve
« dans ces circonstances difficiles. C'est à votre
« intervention active et aux mesures de précau-
« tion, que vous avez prises sans retard, que j'at-
« tribue le prompt rétablissement de l'ordre. »

« *Vous justifiez*, lui avait déjà écrit le mi-
« nistre avant ces graves événements, *de la ma-*
« *nière la plus honorable, la confiance que le*
« *Gouvernement a depuis longtemps placée dans*
« *votre dévouement et dans vos lumières. Je vous*
« *félicite bien sincèrement de tous les succès que*
« *vous avez obtenus dans votre administration....*
« *J'ai toujours reconnu et apprécié vos services,*
« *et vous pouvez compter que, lorsque l'occasion*
« *s'en présentera, je ne les oublierai pas.* »

§ VI.

PRÉFECTURE DE LA CREUSE, 1847.

En effet, en 1847, M. Desmousseaux de Givré,
préfet du Nord, ayant confirmé, par des rapports
de la plus haute satisfaction, tous les services
que l'on devait attendre d'un si habile administrateur, en le plaçant à la tête d'un département,
le roi Louis-Philippe lui confia la préfecture de
la Creuse.

Le roi des Belges, en revenant, quelque temps
auparavant, de Paris à Bruxelles, l'avait informé

à son passage à Valenciennes, *qu'il était autorisé par le roi des Français à lui annoncer sa prochaine nomination. J'ai agi contre mes intérêts, mon cher voisin,* lui dit encore publiquement Sa Majesté, avec l'expression de la plus exquise bienveillance, *mais je conserverai toujours le souvenir de nos bonnes relations.*

Il reçut, peu de temps après son installation à Guéret, un bref apostolique du Saint-Père qui lui conférait la croix des chevaliers de l'ordre pontifical de Saint-Grégoire-le-Grand de Rome, pour les services qu'il avait rendus à la religion et à ses ministres, pendant son administration dans le Nord.

Cette insigne distinction, rare à cette époque (dix Français seulement en étaient honorés), avait été demandée au Souverain Pontife, à l'insu de M. Petit de Lafosse, par le cardinal-archevêque de Cambrai (précédemment évêque de Rodez), qui se plaisait à répéter *que, depuis qu'il était dans le Nord, il avait un second frère dans le sous-préfet de Valenciennes.* Et la récompense a dû être d'autant plus agréable au magistrat, qu'elle lui a été accordée spontanément, *proprio motu,* dit le bref apostolique.

Son Éminence lui avait écrit de Rome, à l'occasion de sa promotion à la préfecture de la Creuse : « Vous y aviez depuis longtemps des « droits par vos services, la loyauté de votre « caractère, votre capacité administrative et « toutes les qualités personnelles qui font de

« vous l'homme aimable et le fonctionnaire su-
« périeur.

« Je vous prie, de loin comme de près, de me
« conserver votre bonne amitié. Je garderai
« fidèlement, de mon côté, le souvenir de tout
« le bien que vous avez fait dans un arrondisse-
« ment important de mon diocèse.... Je prie
« souvent Dieu au pied du tombeau des Saints-
« Apôtres pour votre bonheur et celui de votre
« jeune famille.

« Agréez, Monsieur et cher Préfet, l'assurance
« de ma haute considération et de mon entier
« dévouement.

« † PIERRE, cardinal GIRAUD,

« Arch. de Cambrai. »

§ VII.

SA DESTITUTION, EN 1848.

Le 28 février 1848, il fut frappé de destitu-
tion, comme tous ses collègues, par le gouvernement provisoire de la République.

Le Conseil municipal de Guéret ne voulut pas
que cet honorable magistrat quittât le département sans recevoir l'éclatante expression des regrets et des sympathies de la population tout
entière, témoignage bien rare au milieu des
événements de cette époque. Sur la proposition

de M. Leyraud, député de la Creuse, la délibération suivante fut prise à l'unanimité : *Le Conseil
déclare rendre hommage à M. le préfet Petit de
Lafosse, qui, durant son administration dans la
Creuse, a constamment agi avec zèle, dignité,
justice et fermeté.*

Une adresse des habitants vint confirmer encore la manifestation spontanée du Conseil municipal.

M. Petit de Lafosse se retira à Paris, où le Président du Conseil d'État de la République, M. le
vicomte de Cormenin, son compatriote du Loiret, si célèbre sous le pseudonyme de *Timon*,
lui disait ces paroles prophétiques, peu de temps
après l'avénement de la République : *Quand
nous ne serons plus en proie aux utopistes et aux
déchireurs, le Gouvernement sera trop heureux
de replacer des hommes comme vous à la tête des
départements.*

Ce fut aussi à cette époque que M. Petit de
Lafosse fut présenté au Prince Louis-Napoléon,
dès les premiers jours de son retour en France,
par M. le général Sourd (1). Le Prince l'accueillit

---

(1) M. le général Sourd, baron de l'Empire, l'ami particulier du
Prince Louis-Napoléon et de M. Petit de Lafosse, avait été l'occasion
de l'un des épisodes les plus saisissants de la bataille de Waterloo.
Il était alors colonel des lanciers de la garde impériale; blessé grièvement après des prodiges de valeur, il fut amputé du bras droit sur
le champ de bataille. Ses escadrons ne voulurent pas que cette précieuse dépouille restât au pouvoir des Anglais; le lieutenant-colonel
ordonna un retour offensif, une charge à fond dans laquelle il fut
tué; mais les lanciers eurent la gloire de rapporter comme trophée
le bras de leur colonel.

comme le fils de l'une des victimes du dévouement à Napoléon Ier, et, dès ce moment, M. Petit
de Lafosse devint l'un des visiteurs les plus dévoués de *l'hôtel du Rhin;* il s'occupa activement,
d'accord avec M. le général Piat, décédé le vénérable doyen du Sénat, de la candidature du
Prince à la présidence, et parcourut à cet effet
les pays qu'il avait administrés.

Nous nous bornerons à citer deux des épisodes
caractéristiques de son intervention.

Au mois de novembre 1848, M. Petit de Lafosse, qui avait de fréquents entretiens avec Son
Éminence le cardinal-archevêque de Cambrai au
séminaire des Irlandais à Paris, s'exprimait, un
jour, en présence de plusieurs évêques, avec toute
la chaleur de ses convictions. Or, on se souvient
qu'à cette époque presque personne en France
ne connaissait Louis-Napoléon, que l'on dépei-
gnait même sous des dehors peu favorables. *Messieurs,* interrompit le cardinal, *je ne connais pas
le Prince, je ne l'ai jamais vu, mais l'opinion de
M. Petit de Lafosse, mon honorable ami, me dé-
termine : je retourne dans mon diocèse, où j'en-
gagerai tout le monde à voter pour lui.*

L'Évêque de Madagascar prit à son tour la parole et termina ainsi, en s'adressant à M. Petit de
Lafosse : *Vous pouvez annoncer au Prince qu'il
aura, par le concours des évêques, 1,500,000 voix
de plus qu'avant nos entretiens avec vous au séminaire des Irlandais.*

M. Petit de Lafosse fut heureux et fier d'ap-
porter sans délai ces nouvelles espérances au

Prince, qui l'accueillit avec une exquise bonté, en présence de M. le prince de la Moskowa et de M. Belmontet, aujourd'hui député au Corps législatif. Celui-ci même, après avoir entendu M. Petit de Lafosse donner les détails les plus intéressants, lui dit avec le ton de la brusque franchise qui le caractérise : *Il nous faudrait partout des hommes comme vous !*

Voici le second épisode :

Le cinquième arrondissement de Paris était le seul dans lequel le comité Napoléonien n'était pas sûr d'obtenir la majorité. M. Petit de Lafosse provoqua une réunion des principaux négociants de ce quartier chez M. Boudin de Vesvres, son notaire, rue Montmartre. Une députation y fut choisie et présentée le lendemain au Prince par M. Petit de Lafosse ; c'était quelques jours avant le 10 décembre. Le cinquième arrondissement donna la majorité la plus faible, il est vrai, de tous les arrondissements de Paris ; mais enfin il la donna nonobstant les appréhensions du comité Napoléonien, et cela grâce au revirement opéré par les notables commerçants, qui avaient éprouvé autant de bonheur que de surprise en entendant le Prince lui-même leur exposer ses vues élevées pour le cas où il arriverait au Pouvoir.

L'ancien préfet de la Creuse, le fils du proscrit de 1815, ne tarda pas à recevoir une marque de haute confiance de la part de l'élu de la France ; il fut compris dans la première promotion des préfets.

§ VIII.

PRÉFECTURE DE LA NIÈVRE, DÉCEMBRE 1848-1853.

Le Prince-Président de la République le nomma préfet de la Nièvre, le 30 décembre 1848, sur la proposition de M. Léon Faucher, ministre de l'Intérieur, par suite des souvenirs qu'il avait laissés dans ce département, comme sous-préfet de Clamecy, pendant sept ans.

M. Dupin aîné avait écrit, à cette occasion, cette lettre si pressante au chef du cabinet du Prince-Président de la République :

« Paris, le 27 décembre 1848.

« Mon cher Mocquard,

« Je désirerais beaucoup qu'on nous donnât « pour préfet de la Nièvre M. Petit de Lafosse, « ancien sous-préfet de Clamecy, et, en dernier « lieu, préfet de la Creuse.
« Il a laissé chez nous d'excellents souvenirs ; « et il sera parfaitement accueilli, *j'en réponds.* »

Il est indispensable d'ajouter encore que M. Manuel, représentant de la Nièvre, fut le premier à informer M. Petit de Lafosse que sept représentants, sur huit, de ce département, à l'Assemblée nationale (1), ainsi que M. le comte Molé, ancien ministre de l'Intérieur, propriétaire d'une terre importante dans l'arrondissement de Château-Chinon, et M. le comte Lepeletier d'Aunay, ancien député, président du Conseil général du département, s'étaient joints aux démarches spontanées de M. Dupin.

Il ne fallut pas moins que ces instances si flatteuses, ignorées de M. Petit de Lafosse, pour que M. le maréchal, duc d'Isly, consentît à ne plus insister pour qu'on le nommât dans son département, car il le tenait en estime toute particulière. En effet, M. le maréchal Bugeaud, étant commandant en chef de l'armée des Alpes, lui adressa, au mois de février 1849, cette lettre fort remarquable sous tous les rapports : « Mon cher « Préfet, j'accepte avec empressement les offres « de concours que vous me faites, en me disant « que vous voulez vous réunir aux bons citoyens « qui vous entourent pour marcher sous ma ban- « nière. Cette bannière sera celle de l'ordre, de

(1) MM. Archambault, Dupin aîné, Girerd, Grangier de la Marinière, le général Lafontaine, Manuel et Émile Martin.

Le huitième représentant, M. Gambon, de Cosne, siégeant à la Montagne, ne s'était pas joint à ses collègues, mais il avait, depuis son enfance, une haute estime pour M. Petit de Lafosse, l'ami particulier de son oncle et tuteur M. de Lasné du Colombier, propriétaire à Mignard, près de la Charité-sur-Loire. M. de Lasné du Colombier était le parent de M. de Bernot de Charant, ancien membre et secrétaire du conseil général de la Nièvre, sous-préfet de Cosne sous la Restauration, qui avait épousé la sœur aînée de M. Petit de Lafosse.

« la propriété, de la famille, de tous les grands
« intérêts que l'anarchie menace. Je ne serai donc
« pas étonné, et je serai heureux de vous voir
« venir vous enrôler dans cette armée, si elle doit
« entrer en campagne.

« J'espère que la ferme attitude que les hon-
« nêtes gens de toutes les classes et de toutes les
« nuances politiques semblent disposés à prendre
« suffira pour imposer aux factions et pour les
« forcer à *subir l'ordre*. Dans le cas contraire, je
« vous déclare, mon cher Préfet, que je n'aurai
« jamais crié *En avant !* avec plus de jeunesse
« et d'énergie. Je l'ai pourtant crié souvent, et
« avec beaucoup de vigueur, je vous jure, dans
« quelques circonstances de ma longue carrière
« militaire.

« Je suis heureux d'avoir pu contribuer à dé-
« terminer votre réintégration. Je l'ai regardée
« comme *un acte de justice et de bonne politique*,
« et, tout en me louant de trouver en vous un
« souvenir reconnaissant de ce que j'ai pu faire
« dans ce but, je veux vous dire que vous n'avez
« pas à m'en savoir personnellement trop de gré.
« *J'ai cru agir dans l'intérêt général*, et je suis
« persuadé que vous justifierez entièrement l'o-
« pinion que j'ai exprimée sur ce point.

« Le Maréchal de France, Commandant en Chef
        « l'Armée des Alpes,

              « BUGEAUD, duc d'ISLY. »

Le jour de l'installation, à Nevers, de M. Petit

de Lafosse, l'Évêque de Nevers reçut de l'illustre Cardinal-Archevêque de Cambrai une lettre
qui, bientôt connue, produisit un effet d'autant
plus favorable dans tout le diocèse, que le clergé,
à cette époque, était dans une grande anxiété
sur le choix des Préfets qui devaient remplacer
les Commissaires de la République :

« Cambrai, 1er janvier 1849.

« Monseigneur,

« M. le baron Petit de Lafosse, récemment
« nommé à la préfecture de la Nièvre, a été lon-
« gues années Sous-Préfet de Valenciennes. J'ai
« pu apprécier sa loyauté, son équité, ses dispo-
« sitions toujours bienveillantes pour le clergé.
« L'an dernier, je crus devoir lui témoigner mon
« estime et ma reconnaissance en sollicitant et
« obtenant pour lui, de la grâce du Saint-Père,
« le titre de chevalier de Saint-Grégoire. C'est
« un préfet que je vous envie, Monseigneur. Je
« ne doute pas que vous ne soyez aussi satisfait
« de son administration qu'il sera jaloux de mé-
« riter votre confiance. Je suis encore une fois
« son redevable puisqu'il me fournit cette occa-
« sion de vous renouveler l'expression du respec-
« tueux attachement avec lequel je suis, etc.

« † Pierre, cardinal Giraud,

« Arch. de Cambrai. »

Le commencement de l'année 1849 fut signalé, dans beaucoup de départements, par des élections socialistes. Celui de la Nièvre ne pouvait échapper à cette funeste influence ; mais tout le monde rendit justice à la conduite du Préfet. M. le général de division Changarnier, propriétaire dans la Nièvre, et dont la candidature avait échoué, lui adressa ces honorables condoléances, le 17 mai :

« Le résultat des élections dans le département
« de la Nièvre a trompé les espérances du parti
« modéré et donné gain de cause aux candidats
« socialistes. C'est un fait très-regrettable, et je
« m'en afflige avec tous les hommes sincèrement
« dévoués à l'ordre et au pays.

« J'aurais été très-heureux d'être l'élu de la
« Nièvre. Bien qu'ils soient restés infructueux, je
« sais tous les efforts que vous avez faits pour
« obtenir ce résultat, et je vous en suis person-
« nellement très-reconnaissant. Vous me trouve-
« rez au besoin très-disposé à vous prouver que
« je n'en ai pas perdu le souvenir. »

M. Dupin aîné, qui n'avait été élu représentant qu'à la faveur d'une division du parti socialiste sur le choix du septième de ses candidats, adressa à M. Petit de Lafosse l'expression de sentiments qui respirent une vive douleur mêlée au patriotisme le plus pur.

« Raffigny, le 18 mai 1849.

« Mon cher Préfet,

« Je vous remercie de l'intérêt que vous avez
« pris à ma réélection : mais franchement j'en
« éprouve moins de joie que vous. Je ne croyais
« pas que les populations de la Nièvre fussent
« capables de se passionner à ce point pour des
« hommes dont les opinions exagérées ne pro-
« mettent que des excès et des dépouilles — et
« de me placer à leur suite.

« S'il y avait autant d'honneur à refuser que
« de dévouement à accepter, *je refuserais*, en
« me voyant, moi, vétéran dans la défense de
« l'ordre et des libertés publiques, devenu le
« septième collègue d'hommes dont quelques-
« uns n'ont marqué qu'en professant les doctri-
« nes les plus anarchiques (1).

(1) Les sept représentants de la Nièvre étaient, à cette époque,
MM. Jules Miot, pharmacien à Moulins-Engilbert; Malardier, institu-
teur primaire dans le Morvan; Félix Piat, écrivain étranger à la
Nièvre; Rouet, fermier à Decize; Gambon, licencié, à Cosne; Ro-
chut, artiste-vétérinaire, à Nevers; et Dupin, ancien président de la
Chambre des députés.

Les six premiers obtinrent 44,000 voix, et M. Dupin 23,000; il
n'aurait pas été élu sans la division du parti socialiste, sur le choix
du septième de ses candidats; il l'emporta de quelques voix seulement sur un quincaillier de Clamecy.

M. le général Changarnier, commandant en chef l'armée de Paris,
et M. le général de division Lafontaine, qui ne furent pas élus, arri-
vaient dans l'ordre des suffrages après le quincaillier.

Cette note suffirait à elle seule pour caractériser l'époque.

« La Providence en décidera. Puisse-t-elle éclai-
« rer et ramener les esprits, et leur apprendre
« qu'on n'est pas en société pour se dépouiller
« et se voler réciproquement, mais pour s'en-
« tr'aider et se protéger ! »

Au mois de juillet, M. Petit de Lafosse, ayant
appris qu'il était question de lui donner un brillant avancement en le nommant à Strasbourg,
manifesta le vif désir de rester à Nevers, où l'avenir était si menaçant pour l'ordre et la société.
M. le comte Hector Lepeletier d'Aunay lui écrivit,
après avoir vu M. Dufaure, ministre de l'Intérieur :

« Le premier mouvement du ministre a été de
« vous envoyer à Strasbourg, comme homme
« d'action et d'énergie sur lequel on pouvait
« compter. Je me réjouis très-fort, je vous l'a-
« voue, de ce point d'arrêt : c'eût été un vrai
« chagrin pour moi et un grand malheur pour le
« département, soit dit sans compliment. »

L'année suivante, en 1850, M. Ferdinand Bar-
rot, ministre de l'Intérieur, adressait, dans une
lettre autographe, cette recommandation très-
flatteuse à cet honorable magistrat : « Vous avez
« fort à faire dans votre département, que le so-
« cialisme a si subitement et si complétement en-
« vahi ; mais je sais combien le Gouvernement
« peut compter sur l'intelligence et le zèle de
« votre administration. Je vous promets toute

« l'assistance que vous croirez devoir réclamer
« de mon ministère. »

§ IX

ÉPISODE DE LA SESSION DU CONSEIL GÉNÉRAL DE LA NIÈVRE, EN 1850.

On hésite aujourd'hui à rappeler des scènes
déplorables qui se sont passées à Nevers, en 1850,
à l'époque de la session du Conseil général ; mais
ces circonstances regrettables ayant été provo-
quées à l'occasion de l'administration de M. Petit
de Lafosse, et le concernant même dans son honneur personnel, il est indispensable d'en faire
une mention rapide, dont j'emprunte littéralement tous les détails aux journaux et aux procès-
verbaux du temps.

Toutefois, je me fais encore un devoir, tout en
n'usant qu'avec bonne foi du droit de l'écrivain,
d'être sobre et réservé sur les faits, de taire les
noms et de me conformer aux sentiments de celui dont j'esquisse la carrière, en m'abstenant de
tout ce qui pourrait être contraire à l'oubli des
injures inspirées par les aberrations et les fié-
vreuses surexcitations de cette époque.

Un Représentant du peuple à l'Assemblée nationale, ancien instituteur, condamné à un an de
prison par la Cour d'assises de la Nièvre, *quelques mois avant son élection,* sous le règne du

tyran, comme s'exprimaient, en 1848, en parlant du roi Louis-Philippe, les journaux quotidiens de Paris, *le Faubourien révolutionnaire, le Journal de la Canaille, le Père Duchesne*, et vingt autres qui justifiaient parfaitement leur titre, s'était pourvu en Cassation contre cet arrêt ; mais, le pourvoi ayant été rejeté, la condamnation était devenue définitive.

C'était à Paris, dans la maison d'arrêt de Sainte-Pélagie, que ce représentant était détenu. Le Ministre de l'Intérieur ayant décidé, sur le rapport de M. le Préfet de police, que ce prisonnier devait subir sa peine dans le département de la Nièvre, auquel d'ailleurs incombaient les frais de son entretien, ce détenu fut extrait de Sainte-Pélagie par un inspecteur et deux agents de la police et transféré à Nevers, où il fut incarcéré, après avoir été conduit devant M. le Préfet du département.

Après s'être beaucoup loué, pendant quelque temps, des procédés de l'administration à son égard, cédant aux perfides conseils du parti de la Montagne auquel il appartenait, il voulut accréditer que M. le Préfet avait l'intention de le faire empoisonner. Pour y parvenir, le prisonnier refusait de prendre ses aliments avant que les gardiens y eussent goûté ; il agissait de même pour les tisanes que les sœurs de Charité voulaient bien parfois lui préparer. (Rapport du médecin des prisons.)

Vous êtes un hypocrite, dit-il un jour à M. le Préfet, avec une violence extrême, au moment où ce magistrat entrait dans sa chambre, *vous êtes un lâche ; si je le pouvais, je vous ferais passer par les barreaux de ma fenêtre... Vil pédagogue, infâme tyran, que je ne vous revoie plus, car, les trois fois que vous êtes venu, vous m'avez fait horreur...* Sortez, ajoutait-il, en mêlant encore à ces injures des termes inénarrables, tant ils dépassaient outrageusement la locution la plus vulgaire, *sortez d'ici, hypocrite tyran !... Je saurai me venger, à ma sortie de prison, de vos infamies et de vos tyrannies.*

Ce détenu dit encore, après le départ de M. le Préfet, que *si le gardien-chef n'avait pas été là, il lui aurait fait un mauvais parti, et que, s'il revenait, il ne l'échapperait pas... qu'il n'était pas fait pour avoir des relations avec lui !*

Sur ce point, M. le Préfet partageait complétement l'opinion du détenu.

Le prétexte de ces emportements avait été la défense que l'autorité avait dû faire de le laisser communiquer avec les plus exaltés démagogues.

M. Baroche, ministre de l'Intérieur, approuva la punition de trois jours de cachot que le gardien-chef avait infligée à ce détenu, conformément au règlement sur les prisons, pour les insultes graves qu'il avait adressées à M. le Préfet.

« Il ne peut être permis à un condamné, quel « qu'il soit, de braver impunément l'autorité, » disait encore M. le Ministre de l'intérieur dans sa lettre autographe à M. le Préfet de la Nièvre.

Il fallut la présence de la force armée pour qu'il consentît à subir sa peine. En la voyant en-

trer dans sa chambre, il s'écria, en se drapant :
Des soldats français oseront-ils bien mettre un Représentant du peuple au cachot !

Pas tant d'éloquence, lui répondit textuellement le caporal du poste, *Représentant...* DU PEUPLE DES PRISONS, *c'est possible... faites-moi donc l'amitié, monsieur le Représentant, de passer au cachot, et vivement. Vous réclamerez demain : la consigne d'abord !*

La session du Conseil général s'étant ouverte sur ces entrefaites, M. le Préfet y fut interpellé de la manière la plus violente, sur le traitement qu'il aurait fait subir au Représentant détenu.

Le citoyen collègue, notre ami, est en face d'un bourreau, s'écria un Représentant du peuple, en s'adressant à M. le Préfet, en présence d'un public nombreux (1), *oui, d'un bourreau, qui voudrait, avec une lâche hypocrisie, étouffer en prison un Représentant du peuple !....... Vous lui faites subir un régime odieux, atroce.... on le séquestre, on le prive d'air... c'est par votre ordre, citoyen Préfet !.... Vous lui faites endurer les souffrances les plus aiguës.... On le traite plus durement que les voleurs et les assassins... Vous lui ferez éprouver un ramollissement du cerveau ! Nous protestons de toute la puissance de notre voix contre une barbarie aussi inouïe...*

Le Conseil général, profondément indigné, ne voulut pas en entendre davantage. Le président,

(1) Les séances des Conseils généraux étaient publiques à cette époque.

dont l'autorité fut aussi outragée par des violences extrêmes, leva, deux fois, la séance, au milieu d'une inexprimable agitation.

Le lendemain, une foule d'hommes à figures sinistres assiégeaient l'hôtel de la préfecture, demandant insolemment à être admis dans la salle des délibérations du Conseil général, et se livrant à des voies de fait envers les gens de service et aux injures les plus grossières à l'adresse du premier magistrat du département. La police et la force armée furent obligées d'intervenir pour les disperser. Plusieurs démagogues furent arrêtés; le plus ardent résista avec violence, en déchirant les vêtements des gendarmes, et en s'écriant : *A moi, peuple! à moi, mes amis!...* Il appelait même par son nom un Représentant du peuple qui se trouvait là. Ses amis et le Représentant disparurent dans la foule, et le véritable peuple de Nevers fut complétement sourd à son appel. Il fallut littéralement *le porter* à la prison.

Le Conseil ayant alors décidé, pour mettre un terme à tant de scandale, que les séances auraient lieu à huis clos, une discussion très-vive amena une rencontre au pistolet, sans résultat fâcheux heureusement, entre deux membres du Conseil, M. A...., de Château-Chinon, et M. P..., de Clamecy.

A la séance suivante, tous les *frères et amis* qui s'étaient donné rendez-vous à la préfecture trouvèrent les portes closes et gardées par la troupe de ligne.

Afin de tenir le peuple en haleine et de l'a-
guerrir à la révolte, comme disaient les démagogues, un Représentant à l'Assemblée nationale fit insérer, dans le journal socialiste *le
Peuple,* un article rempli de menaces, qui se
terminait en annonçant que, *plus tard,* on ferait
connaître la vérité, *dans ses affreux détails,* sur
le traitement que le Représentant détenu avait
subi pendant son année d'emprisonnement à
Nevers.

Au milieu de ces tempêtes, M. le Préfet fut
encore *accusé d'avoir dilapidé les fonds du département, et d'en avoir même souvent détourné
une partie à son profit.*

La réponse à cette calomnie fut ainsi énergi-
quement exprimée : « *Le Conseil général, désirant*
« *donner particulièrement à M. Petit de La-*
« *fosse et à tous les agents de l'administration pré-*
« *fectorale une éclatante marque de sympathie,*

« DÉCLARE

« *Que M. Petit de Lafosse a la confiance du*
« *Conseil général, que sa loyauté et la probité*
« *de son administration sont au-dessus de tout*
« *soupçon,* ET QUE LE CONSEIL EST HEUREUX DE
« LUI DONNER L'ASSURANCE SOLENNELLE DE SON
« LOYAL CONCOURS ET DE SON ÉNERGIQUE APPUI. »

Cette absurde accusation, qui n'était qu'une
manœuvre de parti, ayant honteusement échoué,
on revint à l'affaire du Représentant détenu.

Après avoir osé lui dire, en présence des gardiens, dans une visite qu'on lui faisait à la prison : *Soyez tranquille, endurez en paix vos souffrances; avant peu, vous ne serez plus ici ; c'est le préfet qui y sera à votre place;* et, en s'adressant aux préposés de la prison : *C'est vous qui le garderez!...* on fit imprimer un libelle pour *accuser le Conseil général de s'être associé à la conduite du Préfet, qui aurait soumis le Représentant détenu à un régime plus dur que le meurtrier et le faussaire, et à des actes de violence et de brutalité qui révoltent tous les sentiments d'humanité.*

Le Conseil, considérant que cette imputation était un outrage envers le Conseil général, et que les pouvoirs publics ne peuvent pas se laisser insulter sans s'affaiblir, déféra le factum à l'autorité judiciaire.

Les signataires, dont deux étaient Représentants du peuple, furent traduits devant la Cour d'assises de la Nièvre; mais le jury, au milieu de ces orages, décida que le fait des prévenus, à l'égard du Conseil général, ne pouvait être légalement qualifié de *diffamation publique.* Personne n'ignore en effet que la *publicité* est l'un des éléments indispensables de la diffamation.

Que n'ai-je pu mieux faire! écrivit à M. Petit de Lafosse M. le procureur général Corbin, qui avait placé l'auditoire sous l'empire de sa puissante parole ; *j'étais si heureux, mon cher Préfet, de trouver l'occasion d'un hommage au Conseil général, et de vous prouver la haute et affectueuse estime que je vous ai vouée!*

Quelle époque!..... Ne nous menait-elle pas à de nouveaux exemples des jacqueries du moyen âge!... Mais je m'arrête sans commentaires, pour ne pas m'écarter du but de cette notice personnelle.

En 1851, l'abnégation du magistrat devait être mise encore à de plus rudes épreuves.

§ X.

INSURRECTION DE CLAMECY, EN 1851.

Personne n'ignore le courage et l'intelligence à l'aide desquels M. Petit de Lafosse parvint à tenir tête à l'émeute pendant les plus mauvais jours des guerres civiles, durant l'état de siége de la Nièvre. Ce n'est qu'en payant lui-même de sa personne et en appliquant les lois de la guerre aux révoltés pris les armes à la main, qu'il put se rendre maître de l'insurrection de Clamecy, qui ne dura pas moins de trois jours, les 5, 6 et 7 décembre 1851.

C'est au milieu de cette crise suprême, après le plébiscite héroïque et providentiel qui sauvait la France, que M. le comte de Morny, alors ministre de l'Intérieur, écrivait au conseiller de préfecture faisant fonctions de préfet à Nevers : *Donnez-moi souvent des nouvelles du préfet et adressez-lui une fois de plus mes félicitations pour sa conduite*

énergique, et dites-lui bien que je saurai recon-
naître les éminents services qu'il a rendus à la
cause de l'ordre.

On se sent saisi d'émotion et d'un vif intérêt
en lisant la proclamation que M. le Préfet adressa
aux habitants de Clamecy, quand il entra dans
cette ville, le 8 décembre, à cinq heures du
matin, en franchissant les barricades au milieu
de tous les crimes et de tous les désastres que la
guerre civile traîne après elle.

Cette entrée ne fut soutenue que par deux
cents hommes d'infanterie, cinquante hommes
de cavalerie, une brigade de gendarmerie, une
brigade de gardes forestiers commandée par leur
inspecteur, et par douze ou quinze des principaux propriétaires du pays. Parmi ceux-ci, on a
distingué M. Louis Rambourg, M. Charles Rambourg et le comte de Marcy, qui ont reçu la croix
de la Légion d'honneur, pour l'abnégation et le
courage dont ils avaient fait preuve en combat-
tant à côté du Préfet.

Les officiers, réunis en conseil, avaient en
quelque sorte exigé que M. le Préfet ne portât
pas son costume, pour ne pas servir particulièrement de point de mire aux balles des insurgés.

Tous les prisonniers, au nombre desquels se
trouvaient un avocat de Clamecy et un ingénieur
des Ponts et Chaussées, venus scandaleusement,
pendant la nuit, au bivouac du Préfet, pour in-
tercéder en faveur des insurgés, suivaient la colonne, la corde au cou. *Des conditions !......* leur
avait répondu le Préfet, avec une saisissante éner-

gie, *je ne traite pas avec des assassins..... Vous n'êtes à mes yeux, comme pour la poignée de braves qui vient de vous entendre avec douleur, et qui entrera demain avec moi dans Clamecy, malgré vos trois mille insurgés, que les parlementaires du parti du crime.* »

Les principaux insurgés pris, la veille, les armes à la main, dans un combat partiel, avaient été immédiatement passés par les armes. Les corps étaient restés, pour l'exemple, sur la grande route, aux portes de Clamecy, par ordre du Préfet. Cet intrépide magistrat, toujours prompt au départ, et le premier aux balles, mis soudainement en joue, à trois pas, par un insurgé, ne dut de ne pas être tué qu'à la promptitude du courage de M. le comte de Marcy, qui, par deux coups de feu, étendit cet homme mort à ses pieds, au moment même où M. le Préfet le manquait de deux coups de pistolet.

Durant ce temps, on entendait, de toutes parts, au son du tocsin, sous le drapeau rouge arboré, les cris les plus barbares : *Vive Barbès ! Mort aux riches ! Vive la guillotine !*

Cependant la gendarmerie se défendait encore dans la caserne. On y pénètre par la force. Trois gendarmes sont massacrés. L'un d'eux ne meurt pas de suite ; on décide d'abord qu'il faut le laisser souffrir, et on l'achève ensuite à coups de pied. *Il faut le faire griller....* disait un insurgé, *qu'on apporte de la paille.... nous en avons quatre de tués, il en reste neuf ; dépêchons-nous de les tuer, ces gueux-là !...*

Un autre gendarme était criblé de cinquante
et une blessures. Son corps n'était qu'une plaie ;
mais il respirait encore, et comprenait les ou-
trages qui lui étaient prodigués. La sœur de
Charité qui devait le soigner à ses derniers moments chassa avec indignation les misérables qui
venaient l'injurier à son lit de mort, et, aux
paroles de malédiction, elle substitua les conso-
lations et la prière.

Les orgies les plus cyniques succèdent partout
aux scènes qui viennent d'ensanglanter la ville.

Le style de cette proclamation improvisée par
M. le Préfet dans le feu de l'action, au milieu de
la poudre et des balles, est coloré, ferme et
noble à la fois. On sent l'homme de bien qui ne
peut contenir son indignation et qui la laisse
déborder dans les accents du représentant de
l'ordre social, qui en est réduit à réprimer le
mal qu'il a vainement cherché à prévenir. Entre
des mains aussi énergiques l'autorité sera respectée
ou vengée, et avec l'autorité, la protection invio-
lable de la famille et de la propriété. On comprend que le ministre de la loi restera à la hauteur
de sa mission, et que le noble but qui l'anime, il
l'atteindra avec cette inflexibilité que donne le
sentiment du droit et la conscience du devoir.
Mais il est temps de donner la parole à ce courageux orateur.

« Habitants de Clamecy !

« Des bandits, des factieux et des assassins ont

« jeté le deuil au milieu de vous, les 5, 6 et 7 dé-
« cembre.

« Des citoyens honorables, des vieillards, des
« femmes, des enfants, des gendarmes intrépides
« préposés à la défense des lois et de la société,
« ont été massacrés. Des habitations ont été dé-
« vastées.

« Le sang le plus honorable crie vengeance !
« La punition sera éclatante.

« Que les bons citoyens se rassurent et s'unis-
« sent au nom des familles menacées.

« M. Legeay, maire de Clamecy, qui a mé-
« connu tous ses devoirs, en fuyant lâchement,
« sous un déguisement, son poste, sa famille et
« ses concitoyens, est révoqué.

« M. Ruby, homme de courage, est nommé
« maire de Clamecy.

« Tous les rassemblements sont interdits ; ils
« seraient immédiatement dispersés par les ar-
« mes.

« Tous les cafés et cabarets du canton de Cla-
« mecy et des communes de Corvol-l'Orgueil-
« leux, Entrains et Lachapelle-Saint-André, sont
« fermés.

« Les habitants de l'arrondissement de Cla-
« mecy me trouveront toujours tel qu'ils m'ont
« connu dans les mouvements insurrectionnels
« de 1835 et 1837, inflexible dans la volonté de
« punir avec rigueur les factieux qui ne veulent
« que le pillage, le meurtre et la destruc-
« tion. »

On peut se faire une idée de l'acharnement
forcené et de la haine aveugle qui animaient les
séides du socialisme par le fait suivant.

Après l'inhumation des gendarmes, faite avec
la plus grande solennité, au moment où le cortége revenait du cimetière, un insurgé tenta encore d'assassiner un gendarme qui se trouvait
près du Préfet, en le frappant au flanc de deux
coups de poignard : il fallut arracher l'assassin
à l'indignation des personnes témoins de ce crime
si audacieux.

Je m'arrête!... Mon but n'étant ici que de
mettre en lumière les services de toutes sortes
que le département de la Nièvre doit à son ancien Préfet, je n'ai point à détailler toutes les
phases de cette terrible insurrection : la réunion,
pendant plusieurs mois, des conseils de guerre
dans la ville de Clamecy, les condamnations à
mort, aux travaux forcés ou à la déportation, ni
la clémence dont l'Empereur daigna couvrir plus
d'un condamné.

Monseigneur Dufêtre, évêque de Nevers, s'était
rendu en toute hâte auprès du Préfet, qu'il affec-
tionnait particulièrement. Ce vénérable prélat
aurait voulu décider les insurgés à cesser une
guerre impie ; il est arrivé trop tard pour sa
mission de paix et de charité : ces fatales journées marqueront d'un trait de sang les annales
Nivernaises.

Les sœurs de l'hospice de Clamecy n'ont pas
failli non plus à leur touchante mission ; encou-

ragées d'ailleurs par un avis secret de M. le Préfet, qui voulait que des soins fussent donnés indistinctement à toutes les victimes de cette guerre civile, on les a vues, nuit et jour, au péril de leur vie, au milieu des balles et à travers les piques et les baïonnettes, porter des secours aux blessés et aux mourants dans les rues de Clamecy.

Tous les genres de dévouement se multipliaient dans ces graves circonstances. M. le comte Élie de Pontcarré, premier secrétaire d'ambassade, propriétaire du château de Lys à quinze kilomètres de Clamecy, en apprenant la position critique et les embarras du Préfet, son honorable ami, pour nourrir les trois cents hommes qui se trouvaient au camp qu'il avait improvisé au-dessus de Clamecy, a, comme MM. Rambourg, pourvu à tous les besoins du service et à toutes les ressources qu'il était impossible de se procurer en présence d'une ville barricadée et des campagnes des environs, que la terreur avait rendues désertes.

M. Carlier, ancien préfet de police, nommé, à l'occasion des soulèvements qui menaçaient de s'étendre en France, commissaire extraordinaire du Gouvernement dans les départements de l'Allier, du Cher et de la Nièvre, arriva inopinément de Paris à Clamecy dans la soirée du jour de la reddition de cette ville, avec M. le général Pellion, commandant l'état de siége dans la Nièvre, qui avait jusque-là gardé Nevers, et M. Corbin, procureur général, qu'ils rencontrèrent se rendant de Bourges à Clamecy. Mais la révolte et l'insurrectiou par les armes étaient terminées depuis le matin. Ils n'eurent qu'à organiser, de concert avec M. le Préfet, au moyen des troupes qui arrivèrent le lendemain de Paris par le chemin de fer, la poursuite et l'arrestation de tous les insurgés qui s'étaient enfuis dans les forêts et dans les villages des environs.

Dès que M. le comte de Morny fut informé du retour du Préfet à Nevers, il lui adressa encore ces paroles flatteuses : « *J'apprends avec* « *plaisir l'heureux résultat de votre expédition* « *sur Clamecy.*

« *Je vous réitère mes félicitations très-vives* « *sur votre énergie. Appliquez encore, s'il le* « *faut, les lois de la guerre aux insurgés pris les* « *armes à la main.*

« *Je lis vos rapports avec une attention sé-* « *rieuse, et tout ce qui se passe dans votre dépar-* « *tement éveille mon intérêt. Il vous suffit de* « *savoir que j'apprécie votre dévouement et que* « *je vous sais gré de tous vos efforts.* »

Le président de l'Assemblée nationale et son frère M. le baron Charles Dupin écrivirent, à leur tour, à M. le Préfet pour « *le féliciter, au nom des bons citoyens, pour sa courageuse conduite, qui avait, à deux reprises rapprochées, sauvé leur département de l'anarchie.* »

« *Honneur à votre courage et à votre activité,*

lui écrivait encore le président de l'Assemblée nationale, *j'espère que le gouvernement récompensera dignement de tels services! et, s'il est besoin que j'appuie de tels droits, comptez sur moi.* »

M. le baron de Bourgoing, de la Nièvre, ambassadeur près de S. M. la reine d'Espagne, lui manda également :

« Vous recevrez sans doute, de toutes parts,
« des remercîments et des félicitations pour la
« noble et courageuse conduite que vous avez
« tenue dans les graves événements qui viennent
« d'épouvanter le département de la Nièvre;
« permettez à l'un des Nivernistes les plus re-
« connaissants des services que vous venez de
« rendre à une contrée où il compte tant de pa-
« rents et d'amis, de se joindre au concert d'élo-
« ges et aux expressions de gratitude que vous
« recueillez à si juste titre.

« *Le dévouement de notre armée a sauvé la*
« *France, mais combien ne doit-elle pas aux ma-*
« *gistrats qui ont guidé les colonnes et partagé*
« *les dangers des braves défenseurs de l'ordre!...* »

L'autorité militaire ne resta pas muette dans ce concert d'hommages. Nous mentionnerons le passage suivant, dans un rapport adressé à M. le ministre de la Guerre par M. le général de division Pellion, commandant l'état de siége, à son retour de Clamecy, le 28 décembre 1851 : « Main-
« tenant le danger est passé, mais on peut en

« mesurer la profondeur. Aussi, les maires et les
« populations de toutes les communes que j'ai
« traversées rendent-ils des actions de grâces *au*
« *Préfet de la Nièvre* qui, mettant tous les sen-
« timents d'amour-propre de côté, a, dès le
« principe, demandé la mise en état de siége de
« son département. *M. Petit de Lafosse* a, par
« là, puissamment contribué à conjurer le dan-
« ger; il a, de plus, par sa conduite subséquente
« acquis des titres à la reconnaissance de ses ad-
« ministrés et à la bienveillance du gouverne-
« ment. »

Le dévouement et le courage du préfet étaient
heureusement contagieux dans ces jours d'épreuves. Je n'en citerai qu'un exemple parmi toutes
les lettres qu'il recevait de tous les points du département, en réponse à son appel énergique :
« Quand le premier magistrat du département
« se dévoue, avec tant d'abnégation, à la défense
« de la société menacée (lui écrivit, le 14 dé-
« cembre 1851, un propriétaire considérable),
« il n'est pas permis à un obscur soldat de l'or-
« dre, de refuser le plus petit poste qui lui est
« confié... J'accepte donc la mission, etc. »

Voici du reste un spécimen très-remarquable
des instructions pleines d'énergie et de patriotisme que M. le Préfet de la Nièvre adressait à
ses Sous-Préfets à cette époque de douloureuse
et décisive mémoire pour l'ordre et la société.
Quelle puissante initiative ! Ici le lettré met

l'homme politique en relief sous un nouveau
jour.

« Il est indispensable que les agents supérieurs
« de l'autorité entrent le plus souvent possible
« en contact avec les populations. La vieille tra-
« dition nationale, qui veut que les rois de
« France aient guéri les écrouelles en les tou-
« chant, est une allégorie et un symbole. Elle
« signifie que les gouvernements doivent voir de
« leurs yeux et sonder du doigt toutes les plaies
« de la nation. Le peuple qui souffre se sent
« déjà soulagé quand l'autorité se manifeste à
« lui, et témoigne de la sympathie pour ses mi-
« sères.

« Tout fonctionnaire public aujourd'hui est
« un missionnaire. Ne vous contentez pas de dé-
« fendre la cause de l'ordre; il faut la prêcher,
« en propager les enseignements, et n'oubliez
« pas, au besoin, que l'énergie de la défense
« doit égaler, surpasser même, comme à Clamecy,
« l'audace de l'agression.

« La maxime de nos pères : *Fais ce que dois,*
« *advienne que pourra!* est vraie en logique
« comme en morale : il ne faut jamais s'embar-
« rasser des conséquences lorsqu'il s'agit de
« remplir un devoir! »

Et, en voyant grossir l'orage, voici encore,
pour le conjurer, le langage valeureux et religieux tout à la fois que le préfet tenait aux maires du département : « Ils sont insensés, ceux

« qui se figurent que, dans nos campagnes, la
« simplicité des mœurs et l'uniformité de la vie
« rendent inaccessibles à de généreux sentiments.
« Les factieux tenteraient en vain de nous parta-
« ger en catégories. Vous avez déjà prouvé par
« votre union que les idées folles des *Partageux*
« n'ont rien à faire au milieu des populations hon-
« nêtes comme les vôtres. Que Dieu les préserve
« de la manière dont on saurait leur prouver que
« dans le beau et bon pays de la Nièvre, le bras
« qui cultive bien le sol n'est pas moins habile à
« le défendre !

« Malgré les perfides conseils des faux pro-
« phètes, les habitants du Nivernais ne quitte-
« ront pas leurs foyers pour un bonheur imagi-
« naire. On ne dira jamais de nos cultivateurs ce
« que l'on a dit des Romains du temps de Ti-
« bère, « qu'ils ont abandonné la faux et la char-
« rue pour aller s'établir dans l'enceinte des vil-
« les, et que les mains qui applaudissent dans les
« théâtres et dans les cirques laissent reposer les
« guérets et les vignobles. » Ils resteront les di-
« gnes enfants du pays qui les a vus naître, en con-
« servant les traditions de la famille, de l'ordre
« et de la propriété.

« Que tout bon citoyen se lève pour la lutte !
« qu'il soit prêt à tous les moments du danger !
« (*Sursum corda!*) Et nous, Messieurs les Maires
« et vaillants coopérateurs, nous, premiers soldats
« de l'ordre, sachons contenir dans l'impuissance
« cette faction impie qui parle des droits de
« l'homme et qui en méconnaît les devoirs ; qui

« fait au peuple des promesses sacriléges pour
« attenter à la fortune de la France !... Tous les
« droits périssent là où le pouvoir ne sait pas
« conserver sa force et son indépendance... Bon
« sens, union, persévérance, courage ! Oui, cou-
« rage avant tout ! Et la France saura réaliser son
« immense avenir de progrès, de bien-être et de
« puissance ! »

Quelle brillante énergie ! Si le Préfet montre
une sage intrépidité dans l'action, il fait preuve
d'une rare éloquence dans le discours. De si belles paroles ne pourraient qu'être affaiblies par
des commentaires. Le département qui les a en-
tendues devrait les faire sculpter sur le marbre
pour l'édification des bons citoyens.

Enfin, le Conseil général de la Nièvre, dans sa
session de 1852, se rendit, à l'unanimité, l'interprète de la reconnaissance et de l'estime profonde
de tout le département.

Vers le même temps, l'un des propriétaires les
plus honorables du département, ancien officier
supérieur et officier de l'ordre de la Légion d'honneur, avait écrit au directeur du *Journal de la
Nièvre* : « Tout le monde a admiré la ferme et
« noble conduite de notre digne Préfet dans ces
« moments de troubles. Partout où il y avait à
« combattre, on le voyait à la tête des troupes !
« S'il a bien mérité de la patrie, il a bien mérité
« aussi un témoignage de la reconnaissance des

« habitants de la Nièvre. Je viens donc vous prier
« d'ouvrir une souscription dans vos bureaux
« pour offrir une *épée d'honneur* à ce courageux
« magistrat.

« *Je souscris pour cent francs.*

« La France entière saura que nous avons un
« Préfet que nous apprécions et qui est digne de
« la représenter en tous pays. »

Cette initiative trouva immédiatement de l'écho
et des adhérents dans tous les rangs de la société.
La souscription s'annonçait comme très-brillante,
lorsque, cédant à des scrupules exagérés que nous
appellerons un *abus* de modestie, M. le Préfet
s'opposa à cette démonstration si flatteuse, bien
qu'il en comprît toute la signification et en appréciât toute la portée.

Il obéit ainsi à un sentiment de délicatesse
exquise ; et, alors qu'il avait pris la plus large
part de la lutte et du danger, il ne voulut pas
permettre qu'on lui fît une part réservée dans le
triomphe et dans la reconnaissance. Des généraux et des magistrats supérieurs du ressort
avaient agi de concert avec lui, et il ne voulut
rien permettre qui eût pu blesser la susceptibilité de ceux qu'il nommait ses coopérateurs. M. le
Préfet s'opposa donc à ce que la moindre publicité fût donnée à cette éclatante marque de sympathie ; il déclara qu'il voulait se borner, ainsi que

ses collaborateurs, *à garder tout le mérite de sa conscience.*

Toutefois, il désira conserver, dans l'intimité, pour lui et les siens, un souvenir de cette souscription si universellement accueillie, et voici, à ce propos, ce que lui écrivait la personne marquante qui avait été le promoteur de cet hommage civique :

Puisque vous voulez conserver les lettres que j'ai adressées au directeur du Journal de la Nièvre, *joignez-y la réponse qu'il vient de me faire et les preuves d'assentiment que je recevais de toutes parts : ce sera un jour une instruction pour vos petits-enfants qui sauront que leur grand-père savait allier la modestie au courage, et qu'il sera noble pour eux de l'imiter!*

Son Altesse Impériale la Princesse Mathilde, en lui adressant des lettres autographes, daigna lui témoigner, à cette époque, et pendant tout le temps de son administration dans la Nièvre, le vif intérêt qu'Elle prenait à sa situation et à son avenir.

Cependant l'envie, qui toujours veille dans l'ombre, avait cherché à noircir et à dénaturer une si belle conduite. Cette nouvelle injustice valut à M. le Préfet de nouvelles attestations de sympathie de la part de M. Corbin, procureur général de la Cour impériale de Bourges, le même qui, quinze ans auparavant, avait déjà noblement apprécié le mâle caractère dont avait fait preuve M. Petit de Lafosse dans les soulèvements de 1835 et 1837 à Clamecy. Cette fois encore, M. le Procureur général avait été témoin oculaire des actes de M. le Préfet dans cette ville si tristement vouée à la révolte. Aussi ce magistrat éminent, d'accord avec M. le général, duc de Mortemart, commandant la division territoriale, s'était-il empressé d'écrire à M. le Préfet : *Qu'il ne laisserait rien ignorer de ce qu'il pensait à son égard, comme dévouement, comme énergie, comme belle et bonne conduite à s'assurer des événements, comme sous les balles des insurgés de Clamecy.*

Je ne comprends pas plus que vous, disait-il encore, *d'où vous est tombée cette tuile, ni qui aurait pu prévenir contre vous M. Carlier, commissaire du Gouvernement. Sa contenance m'a pourtant toujours paru bienveillante et cordiale. Ce nuage passera, on vous rendra justice.... Ce serait un trop triste début, pour un gouvernement dont j'attends de si bonnes choses, que d'inquiéter de hauts fonctionnaires qui savent et qui sauront lui rendre de signalés services.*

Et, dans une autre lettre : *Depuis que vous vîntes me lire la dépêche un peu bien russe de M. Carlier, j'en suis encore à me rendre compte de tout ce qui a pu se tramer, par qui et comment. J'espère qu'en définitive vous resterez avec les éloges très-mérités qui vous pleuvaient de Paris et de toute la Nièvre, sans autre mal qu'un souci accidentel.*

Il arrive, hélas! trop souvent que pour avoir été privé de l'honneur d'un succès, l'on est porté à atténuer le mérite de celui qui seul l'a obtenu. N'a-t-il pas été heureux cependant, pour la population et l'humanité, que la présence du commissaire extraordinaire du Gouvernement soit devenue inutile, au moment où la victoire remportée par le Préfet dispensait de toute nouvelle répression sanglante?

Un peu plus tard, M. le Procureur général, ayant appris que la malveillance persistait dans ses injustes menées, adressa de nouvelles protestations empreintes de toute la vigueur qui le caractérise. Les voici :

Eh! qui donc, mon cher et très-honoré Préfet, peut s'acharner ainsi à vous nuire? On aura beau dire, on ne fera pas accroire que vous ayez pu tout seul prendre Clamecy d'assaut, et qu'on vous jetait des roses quand vous receviez des balles!... Tous les reproches qu'on vous fait sont absurdes... Il n'y avait dans toute l'affaire de Clamecy qu'un point discutable : pourquoi Clamecy avait-il été laissé sans troupes? Je veux croire que le général avait les meilleures raisons du monde pour justifier sa stratégie; mais encore eût-ce été à lui surtout de répondre, puisqu'il commandait l'état de siége.

Le Prince a pour vous des bontés et ne prêtera pas l'oreille à l'ennemi. Vous avez été a la peine et vous serez a l'honneur (1)!

Si M. Carlier revenait dans la Nièvre, je lui dirais nettement ma façon de penser, car je n'ai jamais compris sa conduite à votre égard, à l'occasion des événements de Clamecy, ou vous aviez mérité les plus grands éloges.

L'opinion de M. Manuel, député de la Nièvre, décédé sénateur, n'était pas moins explicite à l'égard de M. Petit de Lafosse, qu'il appréciait de longue date : *Je connais trop votre bon esprit et vos excellentes qualités pour ne pas être sûr que vous ne recevrez jamais de reproches fondés.*

En 1852, quand la vérité fut entièrement connue et que la religion du Prince-Président fut éclairée sur tous les points, M. le Procureur général écrivit à M. le Préfet :

Monsieur et honorable ami, je suis heureux d'apprendre que vos tribulations sont finies et qu'on vous rend, en haut lieu, la justice qu'aucun n'oserait vous contester sur le théâtre même où se sont déployés votre énergie et votre dévouement. Tout viendra à bonne fin, vous garderez la Nièvre jusqu'à meilleure chance; la Nièvre s'en félicitera, et, quand vous la quitterez, je serai de ceux qui vous regretteront le plus.

(1) Expression pittoresque de Jeanne d'Arc, et qu est restée proverbiale.

M. le comte Benoist d'Azi , vice-président de l'Assemblée nationale, l'un des propriétaires les plus considérables de la Nièvre, lui avait déjà écrit, avant M. le Procureur général : *Vous n'a-vez rien à craindre des dispositions hostiles. J'irai bientôt à Paris et ferai tous mes efforts pour dé-fendre vos intérêts, si je les trouvais menacés,* CE QUE JE NE CROIS PAS.

En effet, dans le même temps, M. le général, baron Pétiet, qui fut élu depuis député de la Nièvre, écrivit à M. Petit de Lafosse que *M. Moc-quard, chef du cabinet du Prince-Président, ve-nait de l'assurer que le Prince était enchanté de sa conduite pleine de courage et d'énergie.*

M. Delangle, dont la Nièvre s'honore comme d'un de ses plus glorieux enfants, voulut, à son tour, le rassurer :

Votre situation n'est pas modifiée, lui mandait le Procureur général à la Cour de cassation, de-venu depuis ministre de l'Intérieur et ministre de la Justice. *Vous n'avez rien perdu. Si on vous a desservi, ce que j'ignore, l'empreinte n'est pas restée. Vous aurez la récompense des services rendus dans la Nièvre... Vous me trouverez tou-jours empressé, mon cher Préfet, à faire les dé-marches qui vous pourront être utiles, et à saisir l'occasion de renouveler des relations qui me sont bien chères*

M. le général de division, duc de Mortemart,
lui avait encore écrit : « *Je n'oublierai jamais*
« *mes excellentes relations avec vous... les faire*
« *cesser serait une chose par trop cruelle!...* »

Mais voici peut-être l'apogée de la glorification
pour M. le Préfet de la Nièvre. Tout récemment
encore, en 1860, M. Petit de Lafosse a eu connaissance de deux lettres écrites, dans ce temps-
là, en sa faveur et à son insu, par un personnage
dont la mort seule a révélé cette marque délicate
de la plus discrète comme de la plus vigilante
sympathie. Ces lettres, émanées d'un saint Prélat,
et découvertes dans ces circonstances, revêtent
une solennité particulière et touchante. On di-
rait une voix d'outre-tombe qui vient, à travers
les planches d'un cercueil, protéger l'honneur
d'un vivant. En lisant ces lignes tracées par une
main glacée par la mort, une main vraiment évan-
gélique, car cette main droite voulait cacher à la
main gauche la bonne œuvre qu'elle accomplis-
sait, on se sent pénétré de vénération et d'un tendre respect pour la mémoire de Monseigneur Dufètre, évêque de Nevers ; car ces deux lettres ont
été écrites et signées par Sa Grandeur.

C'est Monseigneur Crosnier, protonotaire du
Souverain Pontife, légataire universel de son
évêque, qui, ayant trouvé dans ses papiers les
minutes de ces lettres, a eu l'affectueuse attention de faire hommage de ces précieux autographes à M. Petit de Lafosse.

Nous les transcrivons telles que nous les avons

sous les yeux, sans date et sans désignation des personnages auxquels elles étaient destinées. Il est certain, en nous reportant à cette époque, que la première a été adressée à M. Carlier, commissaire extraordinaire du Gouvernement, qui n'avait fait que traverser la ville de Nevers à son retour de Clamecy, au moment où il apprenait par le télégraphe que ses pouvoirs lui étaient retirés ; et la seconde à M. le comte de Morny, ministre de l'Intérieur.

« Monsieur,

« J'ai vivement regretté de n'avoir pas l'hon-
« neur de vous voir à votre passage trop rapide
« par Nevers. J'aurais beaucoup désiré vous en-
« tretenir sur le compte de notre Préfet, qui a
« été, je crois, desservi auprès de vous.

« Permettez-moi de vous dire consciencieuse-
« ment que je le vois à l'œuvre, tous les jours,
« et que je sais tout ce qu'il a fait pour le dépar-
« tement depuis le *deux décembre*. Il est impos-
« sible, je crois, de déployer plus d'intelligence,
« plus d'activité, plus d'énergie et de dévoue-
« ment qu'il n'en a montré.

« Il a droit à de sincères remercîments, et il
« en reçoit de tous les points du département.

« Veuillez m'excuser si j'ose prendre haute-
« ment sa défense ; je ne fais en cela que rendre
« hommage à la justice et à la vérité. »

« Monsieur le Ministre,

« J'apprends indirectement que M. le Préfet
« de la Nièvre a été accusé d'avoir manqué d'i-
« nitiative et d'énergie dans les grands événe-
« ments qui viennent de se passer. Me serait-il
« permis de prendre hautement sa défense et
« de vous donner MA PAROLE D'ÉVÊQUE que cette
« accusation est en opposition ouverte avec la
« vérité ?

« J'ai vu M. Petit de Lafosse, le *deux décembre*,
« après la première nouvelle des événements ; je
« l'ai vu à Clamecy au moment où les insurgés
« venaient de quitter la ville, et je dois à la
« vérité de déclarer qu'il est impossible de dé-
« ployer une activité plus intelligente, une fer-
« meté plus énergique, et un dévouement plus
« absolu que celui qu'il a manifesté dans ces cir-
« constances.

« J'ose dire qu'il mérite, *au plus haut degré*,
« les éloges du Gouvernement comme la recon-
« naissance de ses administrés.

« Je profite de cette circonstance pour vous
« prier de déposer aux pieds de M. le Président
« de la République l'hommage du sentiment
« respectueux de l'Évêque de Nevers et de son
« clergé, ainsi que leur pleine adhésion aux me-
« sures de haute sagesse par lesquelles il vient de
« sauver la France et la société. »

Tout le monde sait que M. le maréchal de

Saint-Arnaud, ministre de la Guerre, avait voué une estime profonde à M. Petit de Lafosse ; il lui en donna une nouvelle marque en lui écrivant dans une circonstance mémorable, au mois de juin 1852 : « C'est ainsi qu'un fonctionnaire « éclairé sait faire comprendre les intentions du « Gouvernement, ramène et attache les esprits « indécis ou malveillants. *Il est bien à désirer* « *que tous les administrateurs suivent votre* « *exemple.*

« J'ai bien vivement regretté de ne vous avoir « pas rencontré à Nevers, lors de mon passage, « pour vous y serrer la main. J'aurais été heu- « reux de vous féliciter de vive voix de *votre* « *noble et énergique conduite lors des événe-* « *ments de décembre.* »

Les excellentes relations qui existaient entre M. le maréchal de Saint-Arnaud et M. Petit de Lafosse donnèrent lieu à un incident qui est assez curieux en lui-même pour être rapporté, en ce que d'ailleurs il met à nu de singulières préten- tions qui ne se font jour qu'aux époques de tran- sition et de crise.

En 1852, M. le Maréchal, revenant *incognito* de Vichy à Paris, s'arrêta à Nevers quelques heu- res pour dîner avec ses aides de camp chez M. le Préfet. Ce magistrat, qui ne s'attendait pas à cet honneur affectueux, n'eut que le temps d'inviter l'Évêque et le Général à ce dîner improvisé.

Le lendemain, un officier de gendarmerie écri- vit à M. le Préfet, nous copions textuellement, pour lui témoigner son mécontentement de ce qu'il n'avait pas été compris au nombre des convives. Sa place, disait l'officier, était pourtant marquée à ce dîner, dès que M. le ministre de la Guerre y assistait : cela constituait un droit que M. le Préfet avait eu le tort de méconnaître. Par cet oubli, une injure grave avait été faite à la personne du réclamant ainsi qu'à l'arme de la gendarmerie, injure, ajoutait-il encore, que les gendarmes, comme leur chef, avaient vivement ressentie.

M. l'officier n'allait pas, comme on le voit, jusqu'à dire que tous ses inférieurs auraient dû aussi être invités, mais on pourrait induire que telle était sa pensée, à lui seul assurément, car il n'est pas ordinaire que les gendarmes, si intelligents et loyaux soldats, s'inquiètent ou s'offusquent des dîners que reçoivent ou ne reçoivent pas leurs officiers.

M. le Préfet prit en plaisanterie cette lettre si étrange, et l'envoya à M. de Saint-Arnaud en l'accompagnant de cette spirituelle observation : que jusqu'alors il avait bien vu des utopistes réclamer le droit au travail, mais qu'il était loin de penser qu'on voudrait y annexer *le droit au dîner*.

M. le ministre de la Guerre répondit à M. le Préfet qu'il avait éprouvé un vif mécontentement à la lecture de cette lettre, qui péchait aussi bien au fond que dans la forme ; qu'il ne comprenait pas que cet officier eût vu dans sa non-invitation à ce dîner improvisé une exclusion blessante pour lui et la gendarmerie; qu'il y avait eu là, de sa part, un excès de susceptibilité, une absence de tact, un manque d'égards et de respect envers le Préfet, qui appelaient une répression sévère, etc.; et comme la chose menaçait de prendre une tournure trop sérieuse, M. Petit de Lafosse s'empressa d'intervenir pour que l'officier de gendarmerie n'eût à subir qu'une insignifiante punition, que le Ministre réduisit à l'expression de tout son mécontentement, transmis par l'intermédiaire du colonel chef de la légion de gendarmerie, et à huit jours *d'arrêts*, après lesquels l'officier alla dîner chez le Préfet, non par droit de conquête sociale, mais, comme avant l'incident, par droit d'invitation gracieuse.

« J'aime à me persuader, écrivit alors M. le mi-
« nistre de la Guerre à M. le préfet de la Nièvre,
« que vous considérerez ce blâme et cette puni-
« tion comme une expiation suffisante des torts
« de cet officier envers vous. Je ne doute pas
« d'ailleurs qu'il ne s'attache de lui-même à les
« faire oublier. »

M. le ministre de la Police générale et M. le duc de Mortemart, général commandant la division territoriale, s'empressèrent aussi, à cette occasion, de renouveler à M. le Préfet les témoignages de considération les plus vivement sentis.

Enfin le Gouvernement comprit si bien l'importance et l'utilité des services de M. Petit de

Lafosse dans la Nièvre, que le général en chef de
l'armée de Paris, M. le maréchal Magnan, lui
écrivit aussi en 1852 :

« Mon cher Préfet, on vous laissera quelque
« temps encore à Nevers. Les services que vous
« avez rendus, que vous rendez, sont appréciés.
« On pense que vous y êtes encore *nécessaire*. »

Quelques années après avoir quitté le département de la Nièvre, en 1856, M. Petit de Lafosse
recevra encore cette appréciation réfléchie de
l'un de ses anciens sous-préfets, devenu préfet
d'un département important, qu'il administre
encore aujourd'hui : « Je profiterai toujours de
« toutes les occasions qui me seront offertes de
« dire les excellents rapports que nous avons
« eus, la bienveillance dont vous avez bien voulu
« m'honorer, et *les sympathies profondes et gé-*
« *nérales que vous aviez su acquérir dans la*
« *Nièvre, en dépit de quelques médisances susci-*
« *tées par de basses jalousies ou d'injustes mé-*
« *contentements.* »

M. Petit de Lafosse avait reçu, en 1851, de Sa
Majesté la reine d'Espagne, un décret qui lui
conférait, d'après le rapport de M. Martinez de
la Rosa, son ambassadeur en France, le grade
de commandeur extraordinaire de l'ordre royal
américain d'Isabelle-la-Catholique, comme récompense des services importants qu'il avait rendus, sous le dernier règne, au gouvernement

espagnol, notamment au moment de l'évasion de France du prétendant M. le comte de Montemolin.

Ce décret lui fut transmis, de Madrid, dans les termes les plus flatteurs, par M. le baron de Bourgoing, ambassadeur en Espagne.

Pendant son administration dans la Nièvre, M. Petit de Lafosse se trouva placé par les circonstances dans une de ces positions délicates où la fonction impose à l'homme des actes qui vont à l'encontre de ses prédilections et de ses préférences personnelles. Il en ressentit une véritable affliction, mais il se tira de l'épreuve en homme de loyauté et de cœur.

Voici à quelle occasion il fut ainsi péniblement affecté.

En 1852, lors des premières élections au Corps législatif, le Conseil des ministres décida, malgré les rapports de M. le Préfet, appuyés par M. de Persigny, ministre de l'Intérieur, que le temps n'était pas venu où M. Dupin aîné pourrait être agréé du Gouvernement, et qu'il ne fallait pas hésiter à combattre sa candidature de la manière la plus énergique. Vainement M. le Préfet exposa-t-il les longs et utiles services de M. Dupin, vétéran illustre dans la défense de l'ordre et des libertés publiques. Tous ses efforts ne purent aboutir, et il lui fut répondu que le Gouvernement était résolu à adopter un autre candidat, qu'on chargeait M. Petit de Lafosse de chercher et de désigner lui-même. Celui-ci fixa le choix du pouvoir sur M. Octave Lepeletier d'Aunay, dont le nom était très-considéré dans la Nièvre.

Mais, pour sortir de la position difficile qui lui était faite, M. le Préfet demanda à changer de département; il ne pouvait se résoudre à combattre la candidature de M. Dupin, auquel il était attaché par les liens d'une respectueuse gratitude. C'est, en effet, M. Dupin, qui avait été le premier des représentants de la Nièvre à demander au Prince-Président, après l'élection du 10 décembre, la nomination de M. Petit de Lafosse à la préfecture de Nevers, et c'est encore de M. Dupin que M. Petit de Lafosse venait de recevoir cette lettre aussi flatteuse qu'amicale, écrite à propos d'une fête nationale dans la Niè-vre, et pendant laquelle M. Dupin s'était trouvé pris d'une subite indisposition : « Je me propo-« sais de féliciter publiquement la Nièvre sur « l'excellente direction donnée à son adminis-« tration; malheureusement je ne l'ai pas pu; « mais tout le mouvement de la journée, que « j'ai remarqué, a prouvé que l'on vous appré-« cie comme vous méritez de l'être. »

La demande de M. Petit de Lafosse d'être éloigné du département de la Nièvre ne fut point accueillie, pour des motifs tout entiers à sa louange. M. le ministre de l'Intérieur répondit à M. le Préfet qu'il ne quitterait pas la Nièvre, qu'il y était justement apprécié et nécessaire; que la candidature de M. Dupin devait être com-battue loyalement, et que, sous ce rapport, la mission lui appartenait mieux qu'à personne, comme ancien sous-préfet de Clamecy, devenu si honorablement préfet de la Nièvre.

M. le Préfet, en quittant le cabinet du Ministre, où ces explications avaient eu lieu, se rendit immédiatement chez M. Dupin, qui, à son entrée et lisant sur la figure du visiteur la fâcheuse nouvelle que celui-ci apportait, s'écria aussitôt :

— Comment! est-ce que le ministre de l'Intérieur repousserait ma candidature?

— Non, se hâta de répondre M. Petit de Lafosse, mais la majorité du Conseil en a décidé autrement, contre l'avis de M. le Ministre.

— Eh bien! alors est-ce que vous me combattrez?

— Oui, c'est mon devoir : mais je vous combattrai comme un adversaire qu'on estime et qu'on honore et qui est loin d'être un ennemi. Je vous combattrai par le silence. Je veux dire que je ne parlerai de vous ni dans mes conversations ni dans mes écrits; pas même dans les journaux dévoués à l'administration, lesquels se borneront à faire l'éloge de votre compétiteur. J'ai déclaré à M. le ministre de l'Intérieur que ce serait là ma manière de vous combattre *loyalement*.

M. Dupin, se sentant à bon droit froissé dans sa dignité, se désista de sa candidature quelques jours avant les élections.

Ces circonstances, si pénibles pour M. Petit de Lafosse, donnèrent lieu à un incident assez caractéristique pour être rapporté ici.

Le procureur général de la cour de Bourges,

M. Corbin, et Monseigneur Dufètre, évêque de Nevers, ayant écrit confidentiellement à M. Dupin, pour lui exprimer combien le Préfet était contristé au fond du cœur, tout en exécutant, comme il le devait, les ordres qu'il avait reçus, le célèbre magistrat écrivit, de son côté, à l'Évêque, et s'armant de cette verve et de cet esprit gaulois dont il disposait avec un si rare à propos, il soutint que le Préfet aurait dû répondre au Ministre, comme les Évêques : *Non possumus.* A quoi le prélat, aussi ingénieux et aussi prompt à la riposte qu'on avait pu l'être dans l'attaque, s'empressa de répliquer que le *non possumus* des évêques n'est à sa place que dans les choses de la conscience et de la religion ; mais que l'appliquer à la politique et le mettre dans la bouche d'un Préfet, cela aurait équivalu à un refus de concours et provoqué une révocation par le télégraphe.

M. Dupin n'eut pas de peine, dans sa haute raison, à se rendre à des observations si excellentes. Il comprit si bien la conduite délicate du Préfet dans toute cette affaire, que M. le procureur général Corbin, étant venu à Paris dans ces entrefaites, en reçut le témoignage de la bouche même de l'ancien président de la Chambre des députés. M. le Procureur général put annoncer au préfet de la Nièvre la fin d'une fâcheuse dissidence entre deux hommes habitués à s'honorer et à marcher de conserve depuis plus de vingt années d'affectueuses relations ; il le fit en des termes que l'on est heureux de reproduire :

« Bon et honorable ami,

« J'avais votre lettre à neuf heures; à dix, j'é-
« tais au n° 118. Rassurez-vous, on comprend
« très-bien la chose et j'ai trouvé les meilleures
« dispositions pour vous. — « Dites bien tout
« cela, » m'a répété M. D. comme je le quittais.
« Ce *tout cela* était un quart d'heure d'explica-
« tions à votre sujet dont vous serez content. —
« Je l'ai engagé à vous écrire lui-même avant
« peu.

« Tout à vous,

« C...

« Paris, 27 février 1852. »

Une administration si intelligente et si courageuse devait laisser des traces impérissables dans
la Nièvre. C'est pourquoi le souvenir de ce magistrat, si ferme dans le devoir, si conciliant et si
doux dans toutes les questions d'humanité, a été
consacré par des témoignages rendus publics,
parmi lesquels nous ne mentionnerons que ce
passage, qu'on lit dans les *Esquisses autogra-
phiques et biographiques* par M. Noël Lefèvre, à
l'article des préfets de ce département : « Le ba-
« ron Petit de Lafosse, nommé le 30 décembre
« 1848 ; son courage politique et ses qualités
« administratives, qui sont dignement appréciés,
« lui assurent la reconnaissance publique. »

§ XI.

RÉCEPTION DU PRINCE-PRÉSIDENT DE LA RÉPUBLIQUE, A NEVERS, EN 1852.

Dans ses annales, l'histoire devra enregistrer que ce fut à Nevers, le 15 *septembre* 1852, que, pour la première fois, le Prince-Président fut accueilli par les acclamations de : VIVE L'EMPEREUR !... VIVE NAPOLÉON III !... et qu'il reçut des mains mêmes de tous les maires du département les votes des conseils municipaux *demandant le rétablissement de l'Empire héréditaire.*

Ce fait historique démontre que la Nièvre a le droit de revendiquer avec honneur une glorieuse initiative dans laquelle M. le Préfet eut la part la plus légitime.

L'histoire constatera que c'est de Nevers que partit ce premier élan populaire qui ne fit que s'accroître et qui accompagna le Prince durant son voyage dans tout le midi de la France.

Comme souvenir de l'accueil qu'Elle y avait reçu, Son Altesse Impériale, avant de quitter la préfecture, voulut bien remettre à madame la baronne Petit de Lafosse une magnifique broche en diamants.

Déjà, le jour de son arrivée, Son Altesse Impériale avait ouvert, en dansant avec madame Petit de Lafosse, la fête splendide qui lui avait été offerte à la préfecture ; ils avaient pour vis-à-vis M. le Préfet et madame la comtesse de Lunas, marquise d'Espeuilles, née de Chateaubriand.

Une attention ingénieuse et pleine de délicatesse avait touché le Prince. M. le Préfet avait eu
soin de mettre à la place qu'occupait à table le
futur Empereur un couvert marqué aux armes
impériales et qui était un de ceux dont Napoléon Ier se servait à Sainte-Hélène.

Son Altesse Impériale avait aussi daigné remarquer, dans l'appartement qu'Elle occupait,
un arbre généalogique de la famille Bonaparte
depuis 1183, dressé par un artiste de la Nièvre,
le sieur Loulet, transporté en Algérie à la suite
de l'insurrection du mois de décembre, et pour
lequel M. le Préfet, mû par un honorable sentiment d'humanité, fit à la clémence du chef de
l'État un appel qui fut entendu.

Mais un autre épisode de ce voyage devait
surtout frapper l'attention et parler au cœur de
Son Altesse Impériale. M. le Préfet, en arrivant
aux limites de son département, près de Saint-
Pierre-le-Moutier, pria le Prince de mettre pied
à terre et de s'arrêter un moment sur la grande
route. Son Altesse Impériale put ainsi admirer
une élégante colonne, élevée, la veille, en souvenir du déjeuner que l'Empereur Napoléon Ier
avait accepté, en 1815, à son retour de l'île
d'Elbe, de la ville de Saint-Pierre.

Sur cette colonne, **M.** le Préfet avait fait inscrire ces mots adressés par l'Empereur au grand
maréchal du palais :

« Bertrand, prenez bonne note de cette ville,
« et remarquez bien que j'y suis aimé. »

Les mémorables journées des 15 et 16 septembre resteront dans les souvenirs du département de la Nièvre comme celui de ses plus belles fêtes, et du bonheur qu'il a éprouvé à témoigner au Sauveur de la France sa gratitude pour le passé, ses espérances et ses vœux pour l'avenir.

Plusieurs hommes d'État s'empressèrent d'écrire des lettres de félicitations à M. le Préfet sur le séjour du Prince à Nevers. Parmi ces lettres, nous allons en citer une seule qui est, à vrai dire, la reproduction de toutes les autres :

« Vous devez, Monsieur le Préfet, être juste-
« ment fier et heureux de l'accueil que le Prince
« a rencontré à Nevers. Sans doute, les vives
« sympathies qu'a éveillées sa présence ont puis-
« samment contribué à cette chaleureuse récep-
« tion. Mais, si l'on n'organise pas l'enthou-
« siasme, on peut du moins lui donner une
« direction, une force nouvelle par d'intelli-
« gentes dispositions, par des mesures d'ensem-
« ble bien prises, et c'est ce que vous avez su
« faire avec un extrême bonheur et une très-rare
« habileté. Jouissez de ce succès, comme admi-
« nistrateur d'abord, et comme l'un des servi-
« teurs les plus capables de l'homme providen-
« tiel qui a sauvé la France. »

L'Empereur, qui, dès les premiers jours de son retour en France, l'avait personnellement connu, et qui avait reçu, dès cette époque, des preuves de son dévouement absolu, lui témoigna plusieurs fois toute sa satisfaction pour le courage, l'énergie et la bonne administration qui ont toujours distingué ce haut fonctionnaire. Sa Majesté a même daigné lui envoyer son portrait comme souvenir de son séjour à Nevers. Et, comme pour donner encore plus de prix à un tel cadeau, la lettre d'envoi contenait ces paroles aussi flatteuses qu'encourageantes : « Cette gracieuse « distinction n'est qu'une autre forme des re- « mercîments que l'Empereur se plaît à devoir à « votre dévouement... Sa Majesté n'a pu s'éton- « ner du bon esprit qui anime le département « de la Nièvre, puisque c'est vous qui l'admi- « nistrez. »

§ XII.

PREFECTURE DE LA HAUTE-VIENNE, 1853-1856.

L'Empereur ne mit pas en oubli les signalés services rendus à la France par M. Petit de Lafosse; et, pour l'en récompenser dignement, il lui confia, en 1853, sur les instances de M. Henri Chevreau, secrétaire général, directeur du personnel, et sur le rapport de M. le comte de Persigny, ministre de l'Intérieur, une des vingt préfectures de seconde classe, celle de la Haute-Vienne.

Ce magistrat a occupé ce poste pendant quatre ans; à Limoges, comme à Nevers, comme par-

tout, il sut bientôt conquérir les plus honorables
suffrages.

Après la première année d'une administration
active et vigilante, M. Petit de Lafosse recevait
déjà une éclatante adhésion qui se traduisait
aussi en remercîments à l'Empereur : « Le Con-
« seil remercie M. le Préfet du concours si bien-
« veillant et si utile qu'il lui a prêté dans l'étude
« des différentes questions soumises à son exa-
« men, et exprime sa haute gratitude envers Sa
« Majesté l'Empereur, qui a confié l'administra-
« tion de la Haute-Vienne à un fonctionnaire
« aussi distingué par la connaissance des affaires
« que par son dévouement énergique aux inté-
« rêts du pays. »

En apprenant ce vote honorable, M. le maréchal de Saint-Arnaud, ministre de la Guerre, lui
écrivit spontanément : « L'accueil fait à vos tra-
« vaux prouve combien votre administration est
« justement appréciée.... Je m'empresse de vous
« féliciter..... J'ai toujours été certain que vous
« sauriez justifier la haute bienveillance que le
« Gouvernement vous a montrée en vous con-
« fiant la préfecture importante de la Haute-
« Vienne. »

M. le général de division, comte Roguet, premier aide de camp de l'Empereur, écrivit à
M. Petit de Lafosse : « Je me suis empressé de
« faire la commission dont vous avez bien voulu
« me charger, en remettant à l'Empereur le vote

« de votre conseil général, et permettez-moi d'a-
« voir l'honneur de vous offrir, à cette occasion,
« mes félicitations et compliments les plus sin-
« cères. »

M. Stourm, conseiller d'État, inspecteur général des préfectures, envoyé en mission à Limoges,
rendit, de son côté, à tous les points de vue, justice entière à son administration.

*On est enchanté au ministère de l'Intérieur
de vos succès à Limoges,* lui mandait aussi M. le
ministre de la Police générale ; *de toutes parts il
lui revient que chacun vous apprécie, et se félicite du cadeau que Sa Majesté a fait à la Haute-
Vienne, en vous envoyant comme préfet administrer ce département.*

Vous êtes digne, mon cher Baron, lui manda
alors un ancien conseiller d'État, membre de
l'Institut, *de marcher sur les traces de cet illustre
et vertueux* Turgot, *dans un pays où il a laissé,
comme intendant général de la province du Limousin, une mémoire aussi chère et aussi vénérée
que celles de M. de Tourni, à Bordeaux, et de
M. d'Étigny, à Auch ; continuez-le à Limoges,
et que l'exécution de vos projets éprouve, s'il est
possible, moins d'opposition et de difficulté que
la réalisation des siens, soit comme intendant,
soit comme ministre ! !...*

Je suis trop content de lui à Limoges : il y fait

trop de bien pour le changer, n'y comptez pas, répondait M. le ministre de l'Intérieur, à la fin de 1854, à l'un des plus hauts dignitaires de la Couronne ; *il est dans un pays trop difficile pour qu'il soit facile de l'y remplacer ; mais je lui donnerai des avantages sur place.*

M. Petit de Lafosse ajoutait à *ses éminents services,* expressions mêmes de M. le comte de Morny, tous ces titres d'honneur et ces vœux si flatteurs, en 1854, et, deux ans après, en 1856, il devait éprouver, sans s'être élevé aussi haut, l'opposition, les difficultés et les disgrâces de *Turgot,* son illustre devancier !...

Mais je veux suivre l'ordre chronologique de sa carrière.

Esprit large, pratique et fécond, s'inspirant avec une rare facilité des intérêts et des besoins des contrées qu'il administrait, il contribua puissamment au développement et au progrès de l'agriculture.

Aussi, M. Dupin aîné, qui pense avec Sully que le *pâturage et le labourage sont les mamelles de la France,* appréciait-il, comme il le devait, le concours puissant d'un administrateur si zélé. Après avoir lu un travail extrêmement remarquable que M. Petit de Lafosse adressait, de son chef, au Gouvernement sur la question de l'exploitation du sol et des moyens de rétablir l'influence des propriétaires sur les classes agricoles, ce grand légiste lui écrivait ceci : « J'ai lu vos

« rapports avec un vif intérêt, surtout celui qui
« explique la position respective des propriétai-
« res et des fermiers. Je les tiens pour très-exacts
« et exprimant bien la situation du pays. Votre
« ministre devra y voir la preuve que vous con-
« naissez bien le département qui vous est confié,
« et que vous suivez de près la marche des idées
« et la fluctuation des intérêts. »

« Je vous ai lu, » lui écrivait encore un conseiller d'État, économiste d'un savoir éminent,
« et, comme toujours, j'ai apprécié vos talents
« administratifs, votre haute sollicitude pour les
« intérêts qui vous sont confiés, votre esprit de
« conciliation, votre fermeté opportune. »

Son Exc. M. Rouher, ministre de l'Agriculture,
du Commerce et des Travaux publics, lui a, de
son côté, adressé plusieurs fois les remercîments
les plus flatteurs, en lui témoignant *toute sa satisfaction* pour l'habileté qu'il mettait à encourager l'agriculture, comme dans l'organisation et
la tenue des comices et des concours régionaux
agricoles.

Ces divers éloges, signés par des hommes si
compétents, nous dispenseront de dire que
M. Petit de Lafosse a justifié avec bonheur les
titres littéraires qui lui ont été décernés. Il sait
mettre à son service, suivant l'occasion, et la
parole et la plume. Orateur vigoureux, il sait
être écrivain élégant et d'un goût irréprochable.

Pour le démontrer, il nous suffira de mentionner les feuilletons littéraires qu'il a fait publier, comme aussi les discours et harangues qu'il a prononcés avec grand succès dans les comices agricoles de la Nièvre et à la Société archéologique et historique du Limousin. Il fait partie de plusieurs sociétés savantes. L'Académie belge d'histoire et de philologie, voulant lui donner un témoignage de sa haute considération pour toutes les questions internationales qu'il avait traitées à l'époque où il présidait, par suite d'une élection faite à l'unanimité, la Société royale des Lettres, Sciences et Arts du Nord, lui a conféré spontanément, comme souvenir, en 1853, six ans après son départ de Valenciennes, le titre de membre de l'Académie de Belgique.

Nous ne pouvons résister au désir de citer au moins le discours très-remarquable, au point de vue scientifique et littéraire, qu'il prononça en prenant possession de la présidence de la Société historique et archéologique du Limousin, le 24 mai 1853. Le procès-verbal des séances de la Société dans lequel nous puisons ce document constate que *l'installation de M. le baron Petit de Lafosse a offert le plus haut intérêt; que ce magistrat, par des aperçus pleins d'à-propos, de savoir et de nobles sentiments, a élevé son discours à la hauteur d'un programme politique et scientifique, dont la forme et le fond ont été, à plusieurs reprises, l'objet des applaudissements unanimes de la nombreuse assistance, captivée*

*par le charme de la parole élégante et facile
qu'elle entendait pour la première fois.*

« Monsieur le Président, Messieurs,

« Je suis profondément touché de l'honneur
que vous me faites en m'admettant à la présidence de votre Société.

« Je remercie particulièrement votre honorable
président des sentiments qu'il veut bien m'exprimer en termes qui rendent ma tâche encore plus
laborieuse en Limousin.

« Je suis accueilli dans votre pays avec des
sympathies que je ne puis attribuer qu'à la confiance dont m'a honoré l'Empereur, et peut-être
aussi, permettez-moi de le penser, aux souvenirs de mon administration dans un département voisin (1) dont les habitants sont intime-
ment liés à vos familles et à tous vos intérêts.

« Le siége que j'occupe en ce moment me rappelle avec bonheur celui que j'ai occupé pendant
sept années dans le Nord, comme président élu
de la Société des Lettres, Sciences et Arts de Valenciennes. Je ne vous apporterai cependant pas,
Messieurs, des connaissances spéciales en archéologie, mais je me trouverai près de vous à bonne
école, et j'en profiterai pour donner dans votre
département un élan tout patriotique aux sciences, dont l'étude est pour vous un culte intelli-

(1) La Creuse.

gent qui contribue à la gloire de votre pays et à votre renommée comme Société savante.

« C'est donc un heureux privilége des fonctions qui m'ont été confiées, que celui qui m'appelle au milieu de vous pour rendre hommage aux hommes qui ont le plus contribué à mettre l'archéologie et l'histoire du Limousin en honneur parmi leurs concitoyens.

« Les peuples, comme les individus, ont leurs lettres de noblesse et leurs titres de gloire ; comme eux aussi, ils ont les preuves écrites de leur richesse et de leur puissance. Sous tous ces rapports, votre vieux Limousin, grâce à vous, Messieurs, revit par vos ouvrages. Les monuments écrits et les monuments bâtis, qui se prêtent, dans l'étude de l'histoire, un mutuel secours, sont l'objet de vos plus actives recherches. Il faut espérer que cette étude, qui a passé dans les goûts, passera aussi avant peu dans l'éducation. Ce sera un bienfait de plus à ajouter à tous ceux que procure, chaque jour, la paix féconde que nous devons au génie de Napoléon III.

« Depuis que le peuple a fait reculer l'anarchie devant le plus grand nom des temps modernes, tous ces nuages, alors si menaçants pour la paix publique, ont disparu sous le souffle irrésistible de l'autorité relevée de ses ruines par la raison publique. Tous les hommes intelligents et laborieux comme vous se sont remis à l'œuvre. Du sein des académies, une noble émulation a passé dans le monde. On s'est associé pour les travaux de l'esprit et de l'imagination, pour les recherches en archéologie et en histoire, sans jamais oublier cependant, comme à Limoges, ces recherches pieuses et incessantes pour venir au secours des classes nécessiteuses, 'qui, les premières, ont droit à la constante sollicitude de l'administration, comme à la vôtre. La religion et la charité, Messieurs, activement dirigées dans ce diocèse par les soins d'un vertueux prélat, viennent au secours de toutes les misères inséparables d'un grand centre de populations ouvrières, pendant que la science prête son appui aux arts et éclaire de son flambeau vos plus précieuses industries.

« C'est ainsi que votre musée céramique, fondation qui honore l'administration de mon prédécesseur, M. Migneret, si regrettable à tant de titres, donnera l'idée la plus juste de vos utiles conceptions pour illustrer votre industrie la plus productive.

« Honneur à vous, Messieurs, qui savez réunir en un faisceau toutes les gloires du passé et tous les avantages que procurent, chaque jour, à vos concitoyens vos différentes branches de commerce, votre charité individuelle et votre patriotisme éclairé ! Persévérez dans la voie qui vous est ouverte. Les sciences marquent le rang des peuples dans le monde, et sont, avec les armes, les dispensatrices de la gloire et de la renommée. Les hommes de votre bon pays, qui méritent un historien, en trouveront parmi vous. Les faits importants, mal décrits ou incertains, seront éclairés par vos lumières. L'archéologie, qui embrasse l'histoire de tous les monuments de l'art, ne lassera jamais, nous le savons, votre zèle investigateur.

« Les efforts que vous faites pour ressusciter le passé, pour rendre aux hommes, aux monuments, aux jours et aux choses qui ne sont plus, leur figure réelle et vénérable, imposeront par votre exemple des devoirs impérieux aux générations qui vous succéderont.

« Je m'arrête un instant, Messieurs, pour vous parler aussi de notre époque en la rapprochant du passé, comme il est de mon devoir de le faire. Dans la tournée que je fais en ce moment dans les vingt-sept cantons de votre département, pour la révision du recrutement de l'armée, je me préoccupe aussi, conformément à la volonté de l'Empereur, de tous les moyens de faire progresser le présent en ranimant un passé glorieux. J'ai déjà été assez heureux pour rencontrer dans plus d'une commune, mais plus particulièrement dans l'un des châteaux de l'arrondissement de Saint-Yrieix, la réalisation de toutes mes espérances pour la gloire de votre département. A la plus noble hospitalité se joint, à Chauffailles, le culte des beaux-arts poussés jusqu'à leur apogée. A côté d'un manoir antique, digne de fixer dans quelques-unes de ses parties l'attention des archéologues, et à l'intérieur celle des paléographes, se trouve une chapelle moderne, remarquable par son style ogival et par ses vitraux semblables à ceux de Saint-Michel, de Limoges. De vastes usines, entourées de bâtiments

confortables pour les ouvriers, font face au château, où l'on trouve aussi des élèves remarquables de votre vieille race chevaline. Il n'aurait
rien manqué à mes yeux , dans ma trop courte
visite, au point de vue de la réunion des talents
et des vertus du passé à l'intelligence active de
notre époque, si je n'avais su, en lisant vos Mémoires, que votre honorable collègue, M. l'abbé
Texier, avait rendu dernièrement l'hommage le
plus mérité à la mémoire du chef de l'une des
plus anciennes familles du Limousin. Ses descen-
dants si prêts, naguère, vous le savez, Messieurs,
à exposer leur vie même, en champ clos, pour le
triomphe de la civilisation (1), nous pardonne-
ront l'insuffisance de cette digression en faveur
de votre amour pour les hommes qui savent allier
les nobles traditions du passé, le courage civique
et privé à l'existence industrielle qui accroît le
bien-être des familles qui les entourent et qui
ont le bonheur d'être placées sous leur dépendance.

« Conservez, Messieurs, avec un soin religieux

(1) Allusion au duel célèbre de 1849 entre M. le comte de Montbron de Chauffailles et l'un des chefs du parti socialiste, qui fut
grièvement blessé par une balle dans le ventre, après avoir blessé
M. le comte de Montbron à l'épaule. Le procès intenté par le procureur général devant la Cour d'assises de Limoges; à la suite de cette
rencontre, se termina par un honorable acquittement pour M. le
comte de Montbron, après l'éloquente plaidoirie de Mᵉ Berryer, qui
avait pour adversaire Mᵉ Théodore Bac, de Limoges.

Dans ce duel, outre les témoins réguliers, près de cent socialistes
assistaient leur chef; et, du côté de son adversaire, on remarquait
avec admiration Mᵐᵉ la comtesse de Montbron et ses quatre fils.

L'Antiquité n'offre rien de plus sublime.

vos monuments, vos mémoires, vos musées, vos archives. Qui dit archives, dit trésor. Trésor pour la famille comme pour la cité, pour la province comme pour l'Empire. A Limoges, elles seront en quelque sorte les pénates de votre Société savante.

« Enfin, Messieurs et honorables collègues, permettez-moi, à défaut de la science complète de l'archéologue, de peser avec toute la gratitude dont je suis susceptible en présidant votre assemblée, non-seulement l'esprit de l'association intellectuelle, considérée au point de vue des intérêts publics dont je suis heureux et fier d'être le premier gardien parmi vous, mais aussi les avantages qui résultent pour les associés eux-mêmes de rapports fondés sur d'honorables sympathies. On goûte un véritable plaisir dans une réunion comme la vôtre, où l'on échange ses idées sans prévention, où l'on se fait des objections pour s'instruire, et où la contrariété des opinions se concilie toujours avec une estime réciproque.

« Vos études ont cela de particulier qu'elles resserrent les liens de la confiance, qu'elles détruisent beaucoup de préventions fâcheuses, et qu'après des discussions bienveillantes où l'on s'habitue aux égards et à l'indulgence, le cœur ne garde plus que le souvenir de relations cimentées par la science.

« Si, sous ce rapport, comme au point de vue de l'administration, j'arrive un jour à mériter parmi vous le droit de cité que j'ambitionne, je serai parvenu à l'apogée de mes désirs, comme votre collègue et comme préfet dévoué à vos intérêts les plus chers. »

§ XIII.

SA DISGRACE, AU MOIS DE DÉCEMBRE 1856.

Cependant M. Petit de Lafosse allait bientôt subir une terrible épreuve. Comme pour lui en adoucir l'amertume, la religion lui envoyait par avance de douces et réconfortables paroles qui devaient l'aider à supporter l'injustice des hommes.

Un prince de l'Église lui écrivait, en 1856 :

« *Ce n'est pas avec indifférence que j'ai appris l'estime et la considération dont vous entourent et M. Billault et notre illustre Empereur : Dieu se plaît à honorer, même ici-bas, ceux qui sont destinés à faire un plus grand bien dans la société.* »

Peu de temps après, M. Petit de Lafosse, sur le rapport de M. Billault, ministre de l'Intérieur, était remplacé dans ses fonctions de Préfet de la Haute-Vienne !...

Pour quiconque a suivi cette existence si remplie, si dévouée, si courageuse, cette disgrâce

imprévue est un fait des plus affligeants. La tristesse vous saisit en songeant que cette brillante
carrière fut momentanément brisée. Quel événe-
ment avait donc pu attirer ce coup de foudre sur
la tête de M. le Préfet? Un commérage odieux,
qui prit les proportions d'une calomnie, et devint une arme perfide entre les mains d'un parti
hostile au pouvoir, et hostile par conséquent à
l'homme qui le représentait avec tant d'habileté,
de dévouement et d'énergie.

Une femme, pour donner le change sur ses
rapports coupables avec une personne qu'elle ne
voulait pas compromettre, s'imagina de répandre
le bruit qu'un haut fonctionnaire du département, M. le baron de Bourqueney, receveur général des finances, entretenait des relations intimes avec elle.

M. de Bourqueney ayant, sur ces entrefaites,
quitté le département par avancement, cet ef-
fronté mensonge perdait toute vraisemblance.
Alors une malveillance intéressée s'avisa de subs-
tituer au nom de M. de Bourqueney celui de
M. le Préfet de la Haute-Vienne.

Cette calomnie, à laquelle on ne s'était pas
arrêté quand elle atteignait M. de Bourqueney,
et qui d'ailleurs était tombée d'elle-même par le
départ de celui-ci, fit du bruit quand elle s'atta-
cha à M. le Préfet. Elle excita du scandale sans
s'accréditer ; car les ennemis de M. le Préfet qui
la répandaient n'y croyaient pas eux-mêmes.
Mais les partis sont ingénieux à user des expé-
dients, même les moins avouables, pour perdre

leurs adversaires. M. le Préfet , poursuivi avec tant de vivacité, n'en mit pas moins à repousser une si incroyable agression.

Il se disculpa trop bien; car, en attirant le jour le plus éclatant sur cette affaire, il mit en lumière ce que ses ennemis avaient si soigneusement voilé jusque-là.

Il fut irrésistiblement démontré par des interrogatoires et une enquête que M. Petit de Lafosse ne connaissait même pas de vue la personne qui avait servi de prétexte à ces odieuses menées.

Celle-ci, forcée de dire la vérité , désavoua complétement, et à plusieurs reprises, une calomnie à laquelle elle avait eu le tort de se prêter. Mais le coup était porté.

Tout le monde connaît le mot fameux de Beaumarchais : « Calomniez! calomniez! il en reste toujours quelque chose. » Il est une définition inédite qui ne dit que cela, mais peut-être le dit-elle mieux.

La voici telle qu'un des hommes les plus spirituels de ce temps, M. le comte de Salaberry, la donna un jour à Madame de Staël :

« La calomnie est un charbon ardent qui noir-
« cit quand il ne brûle pas. »

C'est bien là , malheureusement , ce qu'a
éprouvé M. Petit de Lafosse.

« En fait » (lui écrivait, à Vichy, au mois
d'août 1856, un homme considérable, ancien
bâtonnier de l'ordre des avocats à la Cour
impériale de Limoges), « une indigne calomnie
« a été débitée, propagée contre le Préfet : c'est
« votre titre qu'on a voulu atteindre ; votre ca-
« ractère de fonctionnaire, votre autorité qu'on
« a voulu flétrir, afin de vous faire éloigner ou
« tomber.

« Ce but ne semble pas douteux.

« Le Préfet a donc dû chercher les moyens de
« réfuter le mensonge. Il a fait agir la police ;
« il en est résulté *qu'il ne connaissait pas,*
« *même de vue,* la personne qu'on disait en
« relations avec lui. A-t-il voulu nuire à un tiers
« qui était le coupable ? Non. Il a voulu seule-
« ment, comme il le devait, disculper le Préfet,
« qui était odieusement attaqué. S'il eût été
« simple citoyen, il eût été moins impressionné.

« C'est donc dans l'intérêt de l'autorité, c'est
« pour la relever, pour la venger, qu'il a dû re-
« chercher la connaissance exacte des faits.

« Il ne me paraît pas possible que le Gouver-
« nement ne prenne pas sous son patronage un
« fonctionnaire dans votre position.

« C'est là ce que m'inspirent mon cœur, ma
« raison et aussi la loi.

« Je vous l'ai dit bien des fois, on ne veut que
« du scandale, il ne faut pas le permettre. Le

« pouvoir y gagnera de la considération, et les
« convenances ne seront pas blessées. »

Le président du Conseil général, conseiller
d'État, ancien député de la *Haute-Vienne*, lui
mandait aussi :

    « Monsieur et cher Préfet,

    « Je vous écris sous le poids d'un sentiment
« bien pénible.
    « Est-il possible que notre pays soit livré au
« ridicule et à la honte d'une pareille lutte?
« Quel spectacle pour le peuple!... Des raisons
« de convenance, de dignité administrative, de
« moralité publique, commandent d'éteindre
« cette affaire afin de prévenir un scandale qui
« ne profiterait qu'à de mauvaises passions....
« *Rien ne peut autoriser ni justifier le caractère*
« *qu'on voudrait lui donner.* »
    « Quoi qu'il en soit, à cet égard, vous pouvez
« compter, dès à présent, que la lumière est
« faite, sur toutes ces misères, au ministère de
« l'Intérieur, et que les petites passions ne pré-
« vaudront pas. »

Le célèbre homme de lettres et homme d'État
avait déjà écrit à Limoges :

« Il convient tout à la fois à mes sympathies
« pour M. Petit de Lafosse et à mon dévoue-

« ment à l'Empereur de prévenir des erreurs
« fâcheuses et de donner toujours force et ap-
« pui à l'administration. Tout ce qui doit être
« connu arrivera sûrement et complétement aux
« hommes qui doivent tout connaître.

« Il y a autant d'honneur que de bonheur à
« dire la vérité. Je ne connais pas de meilleure
« manière de servir un gouvernement que l'on
« aime. »

A la clôture de la session du Conseil général,
il s'était encore exprimé ainsi, avec la justesse et
la netteté d'appréciation qui le caractérisent :

« Je crois être l'interprète du sentiment una-
« nime du Conseil général en remerciant M. le
« Préfet...

« Je ne crois pas non plus être désavoué par
« le Conseil en offrant à cet honorable magistrat
« un tribut de reconnaissance, au nom de l'or-
« dre, de la morale, de la religion, de la liberté
« de conscience bien entendue, pour la fermeté
« qu'il a déployée contre les sectes qui, sous un
« prétexte religieux, ont essayé de troubler les
« populations sur quelques points du départe-
« ment. S'il est permis à tout le monde de prati-
« quer sa religion, il n'est permis à personne de
« profaner le nom de Dieu et des intérêts sacrés
« dans un but de perturbation. Les mesures
« prises par l'administration recevront donc la
« complète adhésion de tous les honnêtes gens et
« du Conseil général.

« Vous avez pu juger, Messieurs, pendant le
« cours de cette session, par les paroles de M. le
« Préfet et par l'examen des questions qu'il
« vous a soumises, combien ses intentions étaient
« bonnes et ses actes utiles, éclairés et dévoués.

« Le bien que M. Petit de Lafosse a déjà fait
« dans ce département nous répond de celui
« qu'il fera dans l'avenir. Nous savons tous qu'il
« en a la volonté et le pouvoir, parce qu'il a
« l'expérience qui guide et le dévouement qui
« soutient. »

Le Conseil, après avoir donné son entière
approbation aux paroles de son président, M. le
vicomte de la Guéronnière, prit encore à l'unanimité la délibération suivante, qui rappelle aussi
les actes charitables de Madame Petit de Lafosse,
qui fut tant regrettée, partout, par les classes
nécessiteuses.

A l'Impératrice !

« Le Conseil général de la Haute-Vienne,
appréciant toute l'importance des établissements
des salles d'asile créées par la bienfaisance et
consacrées par la religion, en recommande le
développement à la sollicitude aussi généreuse
qu'éclairée de Monsieur le Préfet.

« Cette recommandation est faite par le Conseil avec d'autant plus de confiance, qu'il sait

que ce magistrat est activement secondé, dans cette œuvre d'assistance et de charité, par le zèle et le dévouement de Madame la baronne Petit de Lafosse, qui suit si noblement l'auguste exemple donné par Sa Majesté l'Impératrice, protectrice de toutes les salles d'asile de l'Empire, et à laquelle il est heureux d'offrir l'hommage de la reconnaissance publique. »

C'est la seule fois peut-être que l'on a vu la femme d'un préfet partager officiellement les éloges et la reconnaissance d'un Conseil général pour les bienfaits de l'administration.

Dans une autre circonstance, le bâtonnier de l'ordre des avocats de la Cour impériale de Limoges, se rendant l'interprète de la reconnaissance des pauvres, avait adressé une touchante poésie à Madame la baronne Petit de Lafosse, présidente de la Société des secours, à l'occasion d'une des loteries qu'elle organisait souvent au profit des indigents. En entrant dans les salons de la préfecture, il lui avait demandé quelques billets, en présence de toutes les dames de charité, dans ces termes faciles, d'esprit et de bon goût :

Comme au désert jadis, le miracle des pains
Va se renouveler aujourd'hui dans vos mains,
  Tant vous êtes ingénieuse
  A propager la charité.
  Quand les pauvres auront compté
  La collecte miraculeuse,
  Ils béniront votre bonté
 Et le succès de votre œuvre pieuse.

> Combien de cœurs reconnaissants
> Verront en vous une autre providence
> Et la mère des indigents,
> Qui de Dieu seul attend sa récompense !
> Personne ne peut résister
> Au charme de votre parole :
> Quand l'un donne beaucoup, l'autre offre son obole :
> Ce dernier est le seul que je puisse imiter ;
> Hélas ! c'est ce qui me désole.

L'un des hommes les plus justement honorés du temps de la Restauration, M. le baron Hyde de Neuville, comte de Bemposta, ancien ministre de la Marine et *ancien député de la Nièvre*, écrivait, de son château de l'Étang, à M. le baron Petit de Lafosse : « J'ai lu, cher Préfet, avec « beaucoup d'intérêt, le *Journal de Limoges*. Je « n'ai pas été surpris de voir que le Conseil gé- « néral, par l'organe de son président, déclarait « que le *rapport si remarquable et si complet de* « *M. le baron Petit de Lafosse était un nouveau* « *témoignage de la sollicitude si éclairée et si* « *dévouée qu'il apporte dans l'administration du* « *département de la Haute-Vienne.*

« Partout on vous a rendu la même justice. »

Son Excellence M. le maréchal Magnan : « Cette « justice rendue à vos services et à votre capacité « administrative m'a été aussi agréable qu'à vous, « croyez-le bien ; toutefois je n'en ai pas été sur- « pris, parce que je sais depuis longtemps tout « ce que vous valez, et je n'ai jamais laissé échap- « per l'occasion de le dire partout, *en haut lieu* « *comme ailleurs.* »

Enfin, le doyen de la Cour de cassation, ancien député de la *Haute-Vienne*, lui avait adressé cet assentiment énergique :

« Vous êtes fait pour obtenir des succès par-
« tout. Votre administration est une noble ré-
« ponse à vos calomniateurs. »

M. Petit de Lafosse, pourtant, ayant été prévenu de la persévérance des moyens calomnieux employés pour le perdre, malgré sa belle position administrative, moyens éternels qu'ont les passions jalouses de se venger de la supériorité d'un homme public en affectant une hypocrite rigueur à propos de sa conduite privée, même quand elle est irréprochable ! — M. Petit de Lafosse résolut de s'adresser à l'Empereur lui-même ; il lui écrivit donc, au mois de novembre 1856, cette lettre qui respire toute la douleur respectueuse d'un honnête homme injustement attaqué, et dont le style simple et sublime à la fois est à la hauteur des grandes idées qu'il exprime avec une mâle énergie.

« Sire,

« Après vingt-sept ans de travaux irréprocha-
« bles, je suis menacé d'être sacrifié à une ca-
« lomnie.
« Je supplie Votre Majesté de daigner m'en-
« tendre et m'accorder une audience.

« Votre Majesté me connaît; Elle sait que, dès
« son retour en France, mon dévouement ab-
« solu lui était acquis; Elle sait que, au 2 dé-
« cembre, dans l'insurrection de Clamecy, j'ai
« combattu et vaincu l'anarchie.

« Votre Majesté se souviendra également
« qu'Elle a honoré ma conduite dans cette grave
« circonstance par un témoignage éclatant de
« satisfaction, que m'a transmis M. le comte de
« Morny, son ministre de l'Intérieur, et que
« l'Empereur lui-même, dans sa bonté exquise,
« m'a renouvelé pendant son séjour à Nevers.

« Sire, je vous en conjure, au moment où les
« députés et le Conseil général de la Haute-
« Vienne m'entourent unanimement de leurs
« plus vives sympathies, que je ne sois pas frappé,
« sous votre gouvernement, par suite d'une in-
« trigue locale, comme le fut mon père, vice-
« président du Corps législatif, premier président
« de la Cour impériale d'Orléans, proscrit, en
« 1815, par la Restauration, pour son dévoue-
« ment à Napoléon Ier. »

Cette lettre, si vigoureusement écrite et si
vivement sentie, devait produire une impression
favorable sur l'auguste Prince auquel elle était
adressée..... Malheureusement, quand elle parvint à sa destination, le décret qui remplaçait
M. le Préfet de Limoges était déjà expédié.....

Il restait à M. le Préfet, si cruellement desti-
tué, une suprême consolation, celle d'épancher

son cœur avec des collaborateurs administratifs, avec ceux qui, le voyant à l'œuvre, avaient pu apprécier ses rares mérites.

M. le Préfet voulait, par une lettre d'adieux, prendre congé de ses coopérateurs ; cette dernière satisfaction ne lui fut pas accordée. Il apprit par M. le vicomte de la Guéronnière, conseiller d'État, président du Conseil général de la Haute-Vienne, que M. le ministre de l'Intérieur, à qui il avait soumis son projet de lettre, d'après l'ordre que Son Excellence lui avait donné éventuellement en lui annonçant sa disgrâce, ne l'approuvait pas, et il y renonça aussitôt. La circulaire resta dans les cartons de la préfecture ; M. Petit de Lafosse dévora sa douleur et son humiliation imméritée ; il rentra, sans se plaindre, dans la vie privée, sacrifiant, comme toujours, sa personne et ses intérêts à ce qui pouvait sembler la raison d'État.

Cette résolution prise, il l'accomplit stoïquement ; il ne répondit même pas aux nombreuses marques de condoléance affectueuse qui l'enveloppaient de toutes parts, préférant plutôt passer pour un ingrat que pour un insubordonné.

Aujourd'hui que le temps a fait le calme autour de ces événements et que toute passion est éteinte, on aime à voir dans cette lettre, qui resta toujours ignorée de ceux qui auraient dû

8

la recevoir, on aime à voir, dis-je, éclater l'âme de celui qui l'a écrite. C'est le cri d'une conscience honnête; c'est la désolation digne, sans être amère, d'un homme de cœur méconnu. Ni plaintes ni récriminations, mais une affliction sereine qui trouve pour s'exprimer ce langage austère où se montrent ces deux faces d'un noble caractère : la sensibilité et la grandeur.

Nous ne résistons pas au plaisir de citer cette lettre.

Quel document, d'ailleurs, pourrait nous attester mieux que celui-ci la situation véritable de l'esprit et des sentiments de l'homme qui venait d'être si cruellement éprouvé ?

Par une coïncidence qui produisit encore l'effet le plus pénible dans le Loiret, dans la Creuse, dans la Nièvre et dans la Haute-Vienne, M. Petit de Lafosse perdait sa carrière le jour anniversaire de l'un des actes les plus mémorables que jamais préfet ait eu l'honneur d'accomplir, la victoire sur l'insurrection de Clamecy, le 5 décembre 1851.

« Limoges, le 5 décembre 1856.

CIRCULAIRE D'ADIEUX

A MM. les Sous-Préfets, MM. les Maires et MM. les Membres du Conseil général et des Conseils d'arrondissement.

« Messieurs,

« Heureux et fier des témoignages éclatants d'estime et de confiance que j'ai reçus de vous et de vos concitoyens, j'éprouve, au moment où je m'éloigne de votre département, le besoin de vous adresser la dernière expression de mes sympathies.

« Si, dans les quatre années que je viens de passer avec vous, j'ai eu le bonheur d'opérer un peu de bien, je le dois, en grande partie, à votre actif concours. Notre administration n'aura pas été stérile, et je laisse au courant toutes les affaires de mon ressort.

« Quand on compte vingt-sept ans de services irréprochables; quand on a servi l'Empereur avec amour et fidélité dès le premier jour de son retour en France, et qu'on doit perpétuer dans sa famille la foi qu'on a reçue de son père proscrit, en 1815, pour son dévouement à Napoléon Ier; quand, les armes à la main, pendant trois jours, on a combattu et vaincu l'insurrection dans Clamecy (je célèbre aujourd'hui bien tristement ce glorieux anniversaire!), et qu'on peut transmettre à ses enfants ces paroles mémorables du Président de l'Assemblée nationale : *Honneur à votre courage et à votre activité ! vous avez sauvé, à deux reprises rapprochées, notre département de l'anarchie. J'espère que le Gouvernement récompensera dignement de tels services ! et, s'il est besoin que j'appuie de tels droits, comptez sur moi.*.

« Quand enfin on n'a jamais dit que *la vérité*, et qu'on n'a à se reprocher ni faiblesse, ni fausseté, ni dissimulation, on se retire sans honte, sans crainte et sans remords.

« Je trouverai quelque adoucissement à ma disgrâce en pensant souvent, avec une joie triste, à nos anciennes relations, et en sentant que je n'emporte, pour toute fortune, de ma longue carrière, que le mérite de ma conscience.

« Recevez, Messieurs, avec mes adieux, l'assurance de ma considération la plus distinguée et d'un attachement que je vous conserverai toujours.

« Le Préfet de la Haute-Vienne, Baron de l'Empire,

« PETIT DE LAFOSSE. »

§ XIV.

SA NOMINATION AUX FONCTIONS DE RECEVEUR GÉNÉRAL DES FINANCES DE L'ARIÉGE, EN 1857.

Par bonheur, il n'y a que la vérité qui dure, et le mensonge n'a qu'un temps. Ceux qui font ces inventions infâmes devraient quelquefois se placer en présence de l'avenir, et rougir en songeant au démenti que le temps leur prépare.

L'Empereur, — après avoir ordonné une enquête pour lui-même, et mieux informé aussi par M. le vicomte de la Guéronnière, conseiller d'État, parlant au nom des députés et du Conseil général de la Haute-Vienne, qu'il présidait, — daigna entendre M. Petit de Lafosse en audience particulière.

Non, non, vous n'avez pas perdu ma confiance, lui dit Sa Majesté avec une extrême bienveillance ; et Elle le nomma, peu de temps après, pendant son séjour à Plombières, au mois de juillet 1857, receveur général des finances de l'Ariége. Sa Majesté le fit appeler près d'Elle par M. le général Fleury, son aide de camp, et voulut bien lui annoncer, devant M. le comte de Morny, qui appréciait si bien son ancien Préfet, et devant M. le duc de Bauffremont et Monseigneur Menjaud, premier aumônier de l'Empereur, qui avaient pris cette disgrâce vivement à cœur, sa réhabilitation dans les termes les plus honorables pour le passé, le présent et même l'avenir.

La veille, M. le comte de Morny avait dit à l'Empereur que, pour M. Petit de Lafosse, qui avait joué sa vie au moment du coup d'État du 2 décembre, des jours de disgrâce étaient des mois, et qu'il suppliait Sa Majesté, bien informée, de mettre un terme à une situation imméritée et si contraire à l'importance des services rendus.

§ XV.

TÉMOIGNAGES AU MOMENT DE SA DISGRACE,

S'il y a quelque chose de singulièrement flatteur pour M. Petit de Lafosse et de consolant pour l'humanité, c'est à coup sûr ce concert de témoignages de sympathies que lui attira sa disgrâce. Il en reçut de tous les pays qu'il avait administrés.

Notre cadre nous interdit de donner place à ces monuments de la reconnaissance et à ces attestations de la plus sincère condoléance, mais nous ne saurions résister au plaisir d'en citer quelques-uns à titre de spécimen.

« J'ai été consterné du coup brutal qui vient « de vous frapper, » lui écrivit l'un des prélats

les plus vénérés ; « je n'aurais jamais supposé
« qu'on traitât une victime comme un coupable ;
« mais cela arrive assez souvent. La justice des
« hommes n'est, dans bien des cas, qu'une
« grande injustice.

« La Providence veillera sur vous, j'en ai la
« confiance, et, tôt ou tard, vous obtiendrez de
« l'Empereur réparation du mal qui vous est
« fait.

« Veuillez croire, Monsieur et digne ami, à
« mes vives sympathies comme à mon attache-
« ment dévoué.

« † Dom. A., Évêque de Nevers. »

M. le marquis d'Espeuilles, sénateur, président du Conseil général de la Nièvre, et Monseigneur Sergent, évêque de Quimper et de
Léon, ancien recteur de l'Académie de Nevers,
d'accord avec Monseigneur l'évêque de Nevers,
qui arrivait de Limoges où il avait tout appris,
firent immédiatement une démarche près] de
l'Empereur, pour éclairer la religion de Sa Majesté.

« Le Gouvernement de l'Empereur, mieux
« éclairé, réparera le tort qui vous est fait par
« les machinations locales.

« Le général de division, comte DE LARUE,

« *Président du Comité consultatif de la Gendarmerie.* »

« Je partage l'indignation que tous les gens de
« bien doivent éprouver à la lecture de toutes
« les calomnies dont vous avez été l'objet, et
« j'espère aussi avec eux qu'une éclatante justice
« vous sera rendue. C'est le vœu de tout homme
« de cœur.

« Le général de division, comte DE
« ROCHECHOUART,

« (Haute-Vienne). »

Un Conseiller d'État :

« C'est aussi absurde qu'odieux. Il est impos-
« sible que vous ne sortiez pas de là, tête levée,
« et envoyé à une meilleure destination encore. »

Un autre Conseiller d'État, directeur général
des Cultes :

« Quelle abominable machination! Vous serez
« soutenu…
« Il y va d'ailleurs de la considération de l'au-
« torité indignement attaquée en votre personne.
« J'ajoute que l'équité commandait de prendre
« votre défense, car les sentiments honnêtes se
« révoltent en présence d'une pareille monstruo-
« sité. Je ne doute pas que vos ennemis ne se
« retirent, couverts de confusion et de honte. »

Le maire de Limoges, député de la *Haute-
Vienne* au Corps législatif :

« L'affligeante affaire qui semble porter à son
« comble le désordre moral introduit et entre-
« tenu à Limoges par des passions mesquines et
« inintelligentes, n'a pu inspirer que du dégoût
« aux hommes sages et honnêtes.

« M. B... se tromperait fort, s'il croit que ce
« sont des amis, ceux qui ont mené une intrigue
« dirigée contre vous, mais conduite de telle sorte
« qu'elle devra nécessairement avoir un résultat
« fâcheux pour lui. »

Le maire de Saint-Matthieu, député de la
Haute-Vienne au Corps législatif, empéché par
une grave maladie de témoigner ses sympathies
à M. Petit de Lafosse, au moment de sa disgrâce,
ne le cédait en rien à son collègue de Limoges,
en lui écrivant, quelque temps auparavant :

« L'excellent accueil qu'on vous a fait à Paris
« n'est que de la justice. Lorsqu'on rencontre
« des préfets qui apportent dans l'exercice de
« leurs fonctions le zèle et le dévouement qui
« vous caractérisent, c'est un devoir non-seule-
« ment de les encourager, mais encore de leur ex-
« primer toute la reconnaissance qu'ils méritent.

« Croyez bien que je serai fier de tous les suc-
« cès que vous assurent votre haute capacité et
« votre abord si cordial et si ouvert. On trouve
« malheureusement trop peu de fonctionnaires
« sachant rendre, comme vous, le pouvoir gra-
« cieux et fort. »

Le vice-président du Conseil général, membre
du conseil supérieur du commerce, de l'agriculture et de l'industrie :

« Si, dans votre disgrâce, il est une consola-
« tion pour vous et pour votre famille, c'est la
« pensée que vous êtes l'objet des vifs regrets du
« plus grand nombre de vos administrés, et que
« *mieux vaut encore tomber victime de la calom-*
« *nie, avec une conscience irréprochable, que de*
« *subir la torture des remords qui finit toujours*
« *par en atteindre les auteurs.* »

Le secrétaire du Conseil général, avocat à la
Cour impériale de Limoges :

« J'ai été en position d'apprécier vos qualités
« personnelles et votre haute capacité adminis-
« trative. Je conserve dans mon cœur un regret
« bien sincère de votre départ de la Haute-Vienne
« où vous avez laissé de véritables sympathies.
« Votre nom est un de ceux qui vivront dans le
« souvenir de tous les habitants ; nous avons la
« mémoire du cœur ! »

Le 20 Décembre, *Courrier de Limoges,* se rendant l'interprète du département, publia cette
appréciation :

« Esprit élevé, ferme, prudent et habile,
« M. Petit de Lafosse emportera les regrets les
« plus sincères de tous les maires et du Conseil

« général du département, qui consignait, dans
« le procès-verbal de sa dernière session, que *ce*
« *savant et consciencieux administrateur pouvait*
« *compter sur son concours le plus énergique*
« *pour l'aider dans l'accomplissement de sa*
« *haute et importante mission.*

  « Qu'il nous soit permis d'ajouter que M. Pe-
« tit de Lafosse, à l'exemple de son père, de
« vénérable et heureuse mémoire, comprenait
« parfaitement la dignité de sa position. *Jamais*
« *chez lui la vie privée du citoyen n'a fait rougir*
« *le magistrat;* rempli d'aménité, il entraînait
« par la simplicité et le charme de ses manières
« et de sa conversation. Voué de longue date,
« pour sa fermeté, aux vengeances démagogi-
« ques, il avait joué sa vie dans la répression des
« soulèvements de la Nièvre. »

Quelques jours après, le même journal, dont
le dévouement absolu est acquis au gouvernement
de l'Empereur, insérait encore un article d'une
grande importance pour M. Petit de Lafosse. Je
le transcris en entier, pour ne point en affaiblir
la portée :

  « Les mutations qui viennent d'avoir lieu dans
les préfectures étaient prévues par *l'Indépen-*
dance belge. La manière dont ce journal, ordi-
nairement assez bien informé, les pressentait,
nous donne l'espoir que la mesure prise à l'é-
gard de M. le baron Petit de Lafosse ne sera que
temporaire, selon les expressions mêmes du cor-

, respondant de la feuille belge. Voici, du reste, comment il s'exprime :

« Je vous ai parlé souvent d'un remaniement
« assez considérable dans le personnel des pré-
« fectures ; je crois ce mouvement imminent. On
« sait que beaucoup de reproches ont été formu-
« lés contre un certain nombre de préfets qui
« ont pu contribuer à faire dire que la France
« était plus gouvernée qu'administrée. On leur a
« imputé de ne pas se mettre en communication
« avec les populations et de n'être pas suffisam-
« ment accessibles pour ceux qui ont besoin de
« conférer avec les représentants de l'autorité.
« On sait même qu'il y a quelque temps, un mi-
« nistre qui revenait de visiter la France, aurait,
« en conseil des ministres, comparé quelques-
« uns de ces hauts fonctionnaires à des pachas,
« en donnant à ceux-ci la palme de la modéra-
« tion.

« On parle de deux préfets de première classe,
« trois de seconde, qui résigneraient provisoire-
« ment leur mandat. Il est délicat de citer des
« noms propres, après avoir mentionné les accu-
« sations qui circulent ; mais, en nommant le
« Préfet de la Haute-Vienne, que le *Moniteur* va
« désigner, assure-t-on, parmi les sacrifiés, j'ai
« des raisons de croire que des circonstances,
« privées et étrangères aux reproches dont il est
« question, ont pu occasionner le déplacement
« accidentel de ce fonctionnaire. »

« Nous nous faisons un devoir d'ajouter que, depuis que le *Moniteur* a annoncé ces changements, M. le baron Petit de Lafosse et sa famille (1) reçoivent les marques des plus vives sympathies de la part de toutes les classes de la population. Les personnes les plus honorables du pays se sont empressées aussi de se rendre à l'hôtel de la préfecture pour leur exprimer leurs plus sincères regrets.

« *Le Rédacteur en chef, propriétaire du* 20 Décembre,

« CHATRAS. »

M. le Général commandant la 21e division militaire, à Limoges, et le Général-Colonel de la garde nationale ; M. le premier Président de la Cour impériale et le Doyen-Président de chambre de la Cour ; M. le Maire de Limoges, député au Corps législatif, et ses adjoints, furent les premiers à se rendre à la préfecture pour témoigner à M. le baron Petit de Lafosse leurs regrets les plus vivement sentis, et lui renouveler l'assurance de la perpétuité de leur haute et affectueuse considération.

Nous formons des vœux bien sincères, lui dit M. le Général de division, en l'embrassant avec

(1) Le gendre de M. Petit de Lafosse, M. de Coynart, chef d'escadron d'état-major, avait été envoyé, par ordre de l'Empereur, au moment de la nomination de son beau-père dans la Haute-Vienne, en qualité d'aide de camp près de M. le général de division Corbin, commandant la 21e division militaire, à Limoges.

une vive émotion, *pour que vous démontriez à l'Empereur toute l'infamie de la calomnie our- die contre vous, si dévoué et si digne dans l'accomplissement de tous vos devoirs.*

Le jour de son départ, tous les employés de la préfecture, ayant à leur tête le Secrétaire général et le Conseil de préfecture, voulurent donner un dernier témoignage de regrets et de douloureuse sympathie à leur préfet, en lui faisant cortége de l'hôtel de la préfecture à l'embarcadère du chemin de fer ; et l'on doit dire, à la louange des habitants de Limoges, comme à l'honneur de M. Petit de Lafosse, que toute la ville prit part à cette honorable manifestation.

Le successeur de M. le baron Petit de Lafosse, M. le comte de Coëtlogon, écrivait, quelques mois après son installation à Limoges : « Je n'ai « pas eu besoin de lire le dossier de cette affaire « pour être convaincu que mon prédécesseur « avait été victime de perfides machinations, et « que l'on s'était attaché, pour le perdre, à faire « du tapage autour de lui, en remuant des can- « cans ridicules, colportés par la malveillance... « Ce sont de ces calomnies qui tombent sous le « mépris, quoi qu'en disent tous les Basiles du « monde... Au reste, comme toujours, il s'est « fait une réaction, et les adversaires de M. le « baron Petit de Lafosse ont été fâchés de leur « succès, car ils avouent franchement, me dit- « on, qu'ils ne désiraient que le changement de

« M. Petit de Lafosse, et nullement sa mise en
« disponibilité... »

Voilà pourtant à quelles *perfides machinations,*
selon les expressions mêmes de M. le comte de
Coëtlogon, à quelles passions haineuses, a été
sacrifié un préfet qui comptait tant de loyaux et
utiles services !

Vers la même époque, le doyen du Conseil de
préfecture, bâtonnier de l'ordre des avocats à la
Cour impériale de Limoges, s'exprimait ainsi :
« *La lumière se fait tôt ou tard, et je puis vous*
« *assurer que vous êtes complétement vengé de*
« *toutes les calomnies auxquelles vous avez été*
« *exposé... Combien de gens qui déblatéraient*
« *contre vous sont forcés aujourd'hui de rendre*
« *justice à votre sage et bienveillante adminis-*
« *tration !* »

Le Secrétaire général de la Préfecture, ancien
bâtonnier de l'ordre des avocats, écrivait aussi à
son ancien préfet : « Si à Paris la calomnie vous
« poursuit encore, il n'en est pas de même à
« Limoges. Les gens honnêtes vous plaignent, et
« M. B... lui-même disait, hier, devant moi, que
« vous aviez été frappé trop durement ! »

L'opposition est donc au regret de son déplorable succès. Sans droit, sans raison, contre tous
les principes d'équité, de justice et de moralité,
elle a trompé le Gouvernement ; *elle ne voulait,*

dit-elle, *que le changement de résidence du pré-fet!... on l'a frappé trop durement!...* Quelle leçon pour les passions injustes, si elles savaient en profiter! Et, d'autre part, quelle erreur! quel coup funeste pour le principe d'autorité!

Comment résister au désir de citer encore l'une des lettres que M. le Préfet reçut d'un de ses sous-préfets, au moment de sa disgrâce? Que de vérités d'un ordre élevé, au milieu des sentiments de tristesse qui accablaient les subordonnés de M. Petit de Lafosse!

« Le *Moniteur* m'a brisé le cœur. J'étais bien
« loin de m'attendre à une pareille solution. Il
« est triste et cruel de voir tant de hauts fonc-
« tionnaires sombrer, après avoir donné tant de
« preuves de valeur et de dévouement pendant
« une longue et pénible carrière! Il est déplo-
« rable que les positions administratives aient
« aussi peu de stabilité, et que les populations
« puissent concevoir l'idée qu'avec de *l'audace*
« *et une calomnie persévérante*, elles arriveront à
« triompher par leurs mauvaises passions.
« Le langage me fait défaut pour vous exprimer
« tous mes regrets et vous dire combien je souffre
« et suis malheureux de vous voir ainsi maltraité.
« Je ne puis rien sans doute, mais, si ma faible
« voix avait de l'écho, je crierais bien fort!
« Pauvre Préfet! j'étais si heureux de vous
« voir dans une position si digne de vous, que
« je dois m'associer plus que personne à l'évé-

« nement qui m'affecte au-delà de toute ex-
« pression.

« Vous devez emporter bien de l'amertume
« dans votre retraite, et vous dire que l'injustice
« des hommes est bien grande ! »

*On ne peut vous reprocher qu'une chose, dans
toute votre affaire de Limoges,* écrivait encore
l'un des chefs de service les plus marquants,
*c'est d'avoir trop tenu à l'honneur ; c'est d'avoir
été trop honnête homme.*

Enfin, bien des curés des campagnes s'asso-
cièrent aux sympathies publiques, en lui écrivant : « Nos regrets accompagneront l'homme
« généreux, l'homme modeste, l'homme aimable ;
« et le bien voulu et accompli par l'habile admi-
« nistrateur restera à la fois comme une protes-
« tation et un durable souvenir. »

La vieille noblesse du Limousin regarda aussi
la perte d'un si digne administrateur comme une
calamité publique, si on en juge par les regrets
exprimés d'une façon si délicate et si pittoresque,
que le chef d'une antique Maison adressa à M. Petit de Lafosse, après sa disgrâce : « Votre souve-
« nir sera bien gardé par nous ; c'était honneur
« et plaisir de vous voir, c'est émotion de s'en
« entretenir. Nous sommes de ceux qui, après
« vous avoir apprécié, aimons à vous rendre une
« justice qui vous revient, et à rappeler l'aménité
« de bon ton qui parait l'administrateur.

« *L'erreur* qui amène une disgrâce ne saurait
« changer l'opinion de qui se respecte et altérer
« l'estime qui a été engagée. Vous êtes défendu
« dans notre province contre la rouille de l'ou-
« bli... J'ai la satisfaction de vous annoncer qu'il
« en est de même près de tous ceux qui ont l'im-
« partialité de nobles sentiments... Vous avez
« laissé parmi nous de bien justes et bien pro-
« fonds regrets, car vous avez ce qui ne passera
« jamais, pour nous, le ton de la bonne compa-
« gnie, l'atticisme de l'esprit, la fidélité des rela-
« tions. Nous ne serons un peu consolés que par
« l'éclatante et légitime réparation qui vous est
« due. Sa Majesté l'Empereur ne manquera pas
« de vous l'accorder. »

N'allons pas plus loin... il faudrait des volu-
mes si l'on voulait tout rapporter.

Le Conseil municipal de Coussac-Bonneval,
l'une des communes les plus considérables de la
Haute-Vienne, décida que la principale place du
pays, celle de l'église, prendrait le nom de PLACE
PETIT DE LAFOSSE, dernier honneur réservé à
ceux-là seuls qui ont illustré leur administration, *le Conseil voulant répondre au vœu una-*
nime des habitants et se rendre l'interprète de la
reconnaissance publique pour les établissements
d'éducation, d'assistance et de charité que M. le
Préfet avait créés, et pour toutes les améliora-
tions importantes qu'il avait introduites dans la

commune, où sa présence avait toujours été l'occasion de nouveaux bienfaits.

Cette proposition fut votée par acclamation sur le rapport du maire, M. Bugeaud de la Bastide, membre du Conseil général du département, neveu de l'illustre maréchal Bugeaud de la Piconnerie, duc d'Isly, qui était né à Limoges, et qui avait voué, comme on la vu à la page 43 de cette Notice, la plus haute estime à M. le baron Petit de Lafosse. Ces deux honorables familles avaient, du reste, cimenté, de longue date, toutes leurs sympathies dans leur dévouement à la cause impériale ; car personne n'a oublié, à Orléans, l'accueil que M. le premier Président Petit de Lafosse fit, en 1815, au colonel Bugeaud, qui commandait alors le 14e de ligne, et tout le monde se souvient en France que ce régiment fut un des premiers qui acclamèrent Napoléon Ier à son retour de l'île d'Elbe.

En résumé, seize ministres de l'Intérieur, quatre ministres des Finances et les plus hauts personnages, les plus augustes même, depuis trente-sept ans, ont apprécié avec honneur le caractère personnel, le courage civique et les talents, comme administrateur, de M. Petit de Lafosse.

Terminons la période de la disgrâce de ce fonctionnaire éminent qui fut entouré de tant de sympathies, contrairement aux habitudes du cœur humain en pareil cas, par la lettre d'un

magistrat marquant *de la Nièvre :* « Soyez bien
« convaincu que, dans tout le département où
« vous avez laissé de si bons souvenirs, personne
« n'a mieux que moi apprécié *vos excellentes*
« *qualités d'administrateur et le service immense*
« *que vous avez rendu à la France et à l'Empe-*
« *reur le* 15 *septembre* 1852. Si un fait comme
« celui-là a pu sortir de la mémoire de quel-
« qu'un, il est resté dans la mémoire de tous les
« esprits honnêtes et réfléchis de la Nièvre, où
« vous nous avez tous pour amis. »

Le lecteur nous pardonnera la longueur du
récit en considération d'une situation émouvante
qui nous a contraint à nous étendre pour la juste
et nécessaire défense du vrai magistrat, de l'honnête homme sacrifié à une calomnie.

Je ne suis ni Franklin, qui fut le parrain spi-
rituel de mon père, ni Malesherbes, ni Molière,
nous disait, un jour, M. le baron Petit de Lafosse, durant le temps de sa disgrâce, avec l'expression d'une poignante résignation ; *mais*
l'exemple de ces excellents hommes me fortifie :
il faut se souvenir que le vertueux Malesherbes,
l'oracle de la justice, le défenseur de Louis XVI,
fut accusé publiquement d'immoralité flagrante ;
— que Benjamin Franklin, l'illustre président
de la Pensylvanie, dont les vertus et le génie ont
honoré l'humanité et à la mémoire duquel le
Nouveau et l'Ancien Monde ont rendu les plus
grands honneurs, fut appelé en pleine Chambre

des communes BANQUEROUTIER, DRÔLE ET VO-
LEUR (1), — *et qu'un placet, offert à Louis XIV
par un rival furieux, dénonça Molière comme
perdu de débauche, vivant dans l'inceste, mari
de sa propre fille, pillard d'habitude, et fait
pour les galères. Ces terribles exemples doivent
rester sous les yeux des plus honnêtes et des plus
modestes.*

§ XVI.

NOUVEAUX TÉMOIGNAGES APRÈS SA RÉHABILITATION PAR L'EMPEREUR.

Sa réhabilitation par l'Empereur fut comme le
signal de nouvelles preuves de la plus haute
estime. Il en reçut, de toutes parts, les marques
éclatantes.

Le vénérable évêque de Nevers fut le premier
à lui écrire :

« Monsieur et digne ami, mes vœux sont ac-
« complis. La Providence vous rend doublement

(1) Turgot, intendant général de la province du Limousin, a résumé dans un vers célèbre les titres de Franklin à l'admiration
publique :

Eripuit cœlo fulmen sceptrumque tyrannis.

Vers qui peut être traduit ainsi :

Il prit la foudre au ciel et le sceptre aux tyrans.

Allusion à la découverte du paratonnerre et à l'indépendance des
États-Unis.

« heureux en vous restituant le double bien
« qu'elle vous avait momentanément enlevé :
« l'*honneur et une enfant* (1) ; je m'associe plei-
« nement à vos joies comme je me suis associé à
« vos douleurs.

« Veuillez croire à la sincérité comme à l'éten-
« due des souhaits que je forme pour vous, et
« agréez l'assurance de mon affectueux dévoue-
« ment.

« † Dom. A., Évêque de Nevers. »

Un membre illustre de l'Académie française,
M. de Pongerville, dont le fils avait été sous-
préfet dans la Nièvre, lui écrivit aussi :

« Je regrette de n'avoir pas eu le plaisir de
« vous recevoir, quand vous me fîtes l'honneur
« de me venir annoncer votre départ : je vous
« aurais exprimé la satisfaction que j'éprouve en
« voyant le haut témoignage rendu à vos longs
« et utiles services. Je souhaite que votre position
« nouvelle offre un repos agréable à votre vie,
« *si bien remplie par tant d'actes de courage et*
« *d'honneur ;* vous êtes de ces hommes qui ont le
« droit d'être fiers de leur passé, et conservent
« une place particulière dans le souvenir de ceux
« qui leur ont voué une juste affection. »

(1) M. Petit de Lafosse avait perdu son petit-fils en même temps
que sa position de préfet, et, par une coïncidence remarquable, le
jour même où sa fille, Mme de Coynart, accouchait d'une fille, l'ancien préfet de Limoges était nommé par l'Empereur receveur général des finances.

Plus tard encore, l'ancien préfet de la Haute-Vienne recevra cet hommage du colonel qui commandait alors la 11e légion de gendarmerie à Limoges : « En parlant de vous à l'Empereur « au moment de votre disgrâce, je n'ai dit que la « vérité. Je ne pouvais tolérer qu'un préfet fût « la victime d'une coterie de petite ville.

« Le bon jugement de l'Empereur, éclairé par « M. le vicomte de la Guéronnière, a fait le « reste.

« Le général, baron DE CASTELLAN. »

Et si maintenant un seul doute pouvait rester dans les esprits éclairés et impartiaux, nous reviendrions encore sur les aveux que renouvelait, en 1861, à Limoges, cinq ans après le départ de M. Petit de Lafosse, la femme qui avait été mise en scène. Nous retrouvons ces aveux dans la lettre de l'un des hommes les plus religieux de la ville de Limoges.

« Limoges, le 15 janvier 1861.

« Quand je songe à vous, Monsieur le Baron, « j'ai honte de ma bonne ville de Limoges, où la « calomnie a osé vous atteindre. Je causais ce « matin avec un homme bien estimable et de « mes amis qui me répétait que Mademoiselle... « ne se gênait pas pour dire que vous aviez été « très-injustement et méchamment cité dans tout

« ce qui s'était passé en 1856, qu'elle n'avait
« jamais eu aucune espèce de relations avec
« vous, qu'elle ne vous avait même jamais parlé,
« et que, pour mieux jouer son jeu, M. B...
« prenait, pour aller la voir, un manteau sem-
« blable au vôtre ou à peu près ; c'est trop
« fort !.... »

Ce serait ici la place de mentionner les consul-
tations, si vigoureusement motivées sur la question de droit et d'une logique si puissante quant
aux faits, signées, dès le début de cette déplorable affaire, d'un nom qui est une autorité déter-
minante en ces matières : nous voulons parler du
nom de l'ancien procureur général, M. Chaix
d'Est-Ange, un des plus illustres bâtonniers de
l'ordre des avocats à la Cour impériale de Paris,
aujourd'hui Sénateur-Secrétaire du Sénat. Nous
nous contenterons d'enregistrer l'opinion con-
cise du Doyen d'une Faculté de Droit, jurisconsulte aussi renommé pour l'infaillibilité de son
jugement que pour les connaissances spéciales
sur lesquelles il a fondé sa grande réputation :

« Monsieur le Baron, je vous remercie de la
« communication que M. de F... m'a faite de
« votre part. Non pas que j'eusse besoin de cette
« lecture pour savoir à quoi m'en tenir sur cette
« triste affaire ; pour qui vous connaît, la ca-
« lomnie était évidente. Mais il y a dans ce dos-
« sier tout un drame rempli d'intérêt et d'ensei-
« gnement : haine contre l'autorité, qui saisit le

« plus léger prétexte pour essayer d'accabler son
« représentant ; animosités particulières qui de-
« viennent complices de cette haine ; abandon
« des hommes sur l'appui desquels on devait
« compter ; immoralité des meneurs de cette
« intrigue ; perplexité du juge, dont l'esprit se
« trouble dans la lutte des intérêts opposés ;
« déplorable conduite du ministre, qui ne com-
« prend pas que le Préfet est attaqué par les
« mauvaises passions qu'il a combattues avec
« courage ; oubli des services passés, abandon du
« haut fonctionnaire qui s'est compromis pour
« le pouvoir ; puis, d'un autre côté, et comme
« consolation de ce triste spectacle, affections
« de famille, dévouement de l'amitié ; et, pour
« que rien n'y manque, on y trouve même
« l'élément comique dans la personne du poëte
« de Saint-Yrieix, qui tient pour vraie la ca-
« lomnie, déclare que le fait est tout naturel et
« très-ordinaire, et trouve ridicule qu'on fasse
« tant de bruit pour si peu de chose. Enfin, ce
« qui n'arrive pas toujours ici-bas, la vérité se
« fait jour, votre justification est complète, et
« l'Empereur vous donne une juste et éclatante
« réparation.

« Je vous félicite, Monsieur le Baron, de n'être
« plus dans cette carrière si fertile en orages,
« dans laquelle on est d'autant plus exposé qu'on
« a fait plus de bien, et d'être entré dans la pai-
« sible administration des deniers de l'État....
« *C'est là le repos honorable si bien dû à vos*
« *éminents services.* »

Qu'ajouter à cette appréciation de l'un des jurisconsultes le plus justement considérés parmi les légistes les plus renommés de la France ?

Oh! ce ne serait pas assez d'une vie tout entière pour avoir justifié ces sympathies et ces éloges.

L'avenir encore lui appartient! Expressions mêmes de l'Empereur à Plombières, bien dignes de l'esprit de justice et de réparation qui distingue Sa Majesté.

Pourquoi faut-il que ce nom, qui a brillé d'un si vif éclat et que M. Petit de Lafosse porte et soutient avec tant de gloire, soit destiné à s'éteindre avec lui ?

Un nom! c'est, dans ce cas, toute une carrière resplendissante résumée en un mot; c'est le patrimoine d'honneur de toute une famille : c'est la tradition des vertus du passé, l'émulation du présent, et la garantie rayonnante de l'avenir!...

M. le baron Petit de Lafosse ne laisse pas de représentant ou d'héritier auquel il puisse transmettre son nom. La Providence lui a refusé cette suprême consolation, en l'affligeant par les plus cruelles épreuves. Il a vu mourir son fils aîné à Valenciennes, au moment où il venait de remporter toutes les premières couronnes du collége, son second fils à Nevers, son petit-fils à Limoges et sa petite-fille à Foix.

Pour le consoler de ces irréparables pertes, il lui reste une fille unique, d'un mérite rare, qu'on a admirée partout où elle a été connue, et qui a

eu le bonheur d'avoir un fils, il y a quatre ans.
Cette femme accomplie a épousé M. Arsène de
Coynart, chef d'escadron d'état-major, qui a glo-
rieusement fait la campagne d'Italie sous les ordres de M. le maréchal Niel, et a reçu de l'Empereur la croix d'officier de la Légion d'honneur
après la victoire de Solferino, sur le rapport de
M. le général de division de Failly, aide de camp
de Sa Majesté.

Et maintenant que notre tâche est à peu près
accomplie, si nous jetons nos regards en arrière,
nous embrassons d'un seul coup d'œil une carrière militante de trente-sept années. Trente-
sept années de luttes, de services, de bienfaits,
de dévouement au pays! trente-sept années de
fidélité au devoir, de fermeté courageuse, de
mesures à la fois vigoureuses et prudentes ;
trente-sept années durant lesquelles M. Petit de
Lafosse a montré réunies au plus haut degré des
qualités éminentes qui semblent le plus incom-
patibles. Tout cela ne l'a pas préservé du venin
de la calomnie et du souffle de la disgrâce. On
l'a dit : les lauriers attirent la foudre. Heureusement que ce temps d'épreuves est déjà loin, et
qu'il n'a servi qu'à retremper l'estime persévérante et la chaleureuse adhésion dont les honnêtes gens ont fidèlement entouré M. Petit de
Lafosse ; heureusement, surtout, qu'après ces
trente-sept années si bien remplies, il lui en
reste encore de longues et vaillantes à consacrer
à la bonne administration du pays.

Qu'on nous permette, avant de terminer cette Notice, de citer un souvenir du *sire de Joinville*, le naïf historien du roi saint Louis.

Le *bon sénéchal* raconte que l'évêque Guillaume de Paris avait coutume de dire que Dieu et les hommes étaient obligés, pour être justes, de proportionner la récompense à la difficulté et au nombre des services rendus.

« Vous savez, » disait ce prélat pour rendre sa pensée plus vivante au moyen d'une comparaison , « vous savez que le roi de France « guerroie en ce moment contre le roi d'Angle- « terre, et vous savez aussi que la forteresse qui « se trouve le plus près du pays ennemi , c'est « La Rochelle en Poitou. Or je vous demande « si le Roi vous avoit baillé La Rochelle à gar- « der, qui est à l'extrémité du royaume, et qu'il « m'eût baillé, à moi, le château de Montlhéry, « qui est au cœur de la France et en terre de « paix ; je vous demande auquel de nous deux le « Roi devroit savoir meilleur gré, à la fin de la « guerre, ou à vous qui auriez gardé La Rochelle « sans perdre, ou à moi, qui aurois gardé Mont- « lhéry sans perdre ? » — A moi, répondait-on invariablement, à moi qui aurais gardé La Ro- chelle. Et l'évêque triomphait dans sa démons- tration.

En ce qui nous concerne, nous faisons des vœux pour que le Gouvernement veuille bien ne pas oublier que M. Petit de Lafosse a, pendant trente-sept ans, *gardé La Rochelle*, et pour qu'on ne le traite jamais comme s'il n'avait *gardé que Montlhéry*.

« Patience, » lui écrivait l'un des principaux maires de la Haute-Vienne, après avoir lu ce souvenir si opportun du *sire de Joinville :* « L'Empereur est trop bon juge pour vous lais-« ser longtemps à *la garde du château de Mont-*« *lhéry*, quand votre poste est *à La Rochelle.* « Que diraient les éminents personnages qui se « sont émus de votre disgrâce, s'ils en connais-« saient les motifs ! Ce serait le cas de dire, comme « Mme de Sévigné : Je vous le donne en dix, je « vous le donne en cent, je vous le donne en « mille !!! »

Un vénérable curé lui mandait aussi : « Mon « premier soin, chaque jour, en ouvrant mes « journaux, c'est de voir si l'on a enfin placé con-« venablement *le Gouverneur de la Rochelle !* »

Nous aurions voulu qu'il nous fût donné d'enregistrer encore les attestations éclatantes et les témoignages chaleureux de considération et de haute estime que M. Petit de Lafosse a reçus de tous les pays qu'il a administrés et de la part des plus grands personnages, après la première édition de cette Notice.

C'eût été là une réconfortante lecture pour les nobles cœurs qui savent bien que les sympathies des honnêtes gens accompagnent et soutiennent toujours ceux qui ont consacré leur existence à la prospérité et à la bonne administration du pays.

Malheureusement, c'est à grand'peine qu'il nous a été permis d'extraire, parmi ces nombreuses glorifications, cinq documents qui s'indiquent pour ainsi dire d'eux-mêmes à la publicité par les noms ou la position des personnes dont ils émanent. Ils sont signés par M. Frédéric Thomas, avocat à la Cour impériale de Paris, vice-président de la Société des Gens de lettres, qu'une Revue a surnommé *le Malherbe de la chronique judiciaire;* par M. François Ponsard, membre de l'Académie française ; noble caractère, écrivain de premier ordre, qui, jeune encore, a l'honneur d'être le chef de cette école éminemment classique et française qu'on a désignée sous le nom d'*école du bon sens*, ce qui ne l'empêche pas d'être aussi l'école la plus élevée de la morale et de la poésie.

Le troisième document est de Monseigneur Sergent, évêque de Quimper et de Léon, supérieur du petit séminaire de Corbigny, près de Clamecy, à l'époque où M. Petit de Lafosse était sous-préfet de cet arrondissement, et recteur de l'Académie de Nevers, lorsqu'il était préfet de ce département.

Le quatrième est de S. Exc. M. le maréchal Niel, commandant en chef le 6e corps d'armée, dans l'étendue duquel se trouve le département de l'Ariége.

Enfin, le cinquième, qui vient en quelque

sorte couronner un si bel édifice, émane encore de la justice d'un saint prélat, Monseigneur Dufêtre, le vénérable évêque de Nevers, qui a joué un si grand rôle, en toutes circonstances, dans l'appréciation des qualités administratives et du caractère civique et personnel du préfet de la Nièvre.

M. Frédéric Thomas, après lui avoir écrit : *Je défie qu'il existe en France un Préfet qui puisse apparaître avec un tel cortége de recommandations, et qui puisse coudre à sa biographie une série de plus grands noms dans la politique,* lui a dédié son Recueil, si curieux et si rare, des *Petites Causes célèbres.* Voici en quels termes spirituels et charmants l'auteur tire parti de l'exiguïté du format de son livre pour louer avec une finesse exquise la personne à laquelle il en fait hommage :

A M. LE BARON PETIT DE LAFOSSE.

Votre Notice à moi vous révèle et vous livre ;
J'admire vos talents, fier de votre amitié,
Et je ne prétends pas, vous dédiant ce livre,
M'acquitter envers vous, pas même par moitié.
Si le livre est petit, la sympathie est grande,
Et j'aurais bien voulu que ce don l'exprimât :
Ne la mesurez pas sur ma chétive offrande,
Mon estime pour vous est d'un plus grand format.

Citons maintenant la lettre de l'auteur de la belle tragédie de *Lucrèce,* d'*Agnès de Méranie,* de

Charlotte Corday, d'*Horace et Lydie*, d'*Ulysse*,
de *la Bourse*, de *l'Honneur et l'Argent*, du *Lion
Amoureux*, de *Galilée*, etc., etc.

« Paris, le 25 février 1861.

« Monsieur le Baron,

« J'ai lu avec un intérêt extrême la Notice que
« vous avez bien voulu m'adresser.

« L'effet des guerres civiles est de pousser les
« vaincus au désespoir et l'autorité aux répres-
« sions énergiques. C'est un malheur des circons-
« tances qui transforment en juges sévères les
« hommes les mieux portés à l'indulgence. Je
« ne prétends pas juger les actes ni les nécessités
« politiques; mais je sais que vous n'avez obéi
« qu'à votre conscience, et ce que je puis juger
« avec tous ceux qui ont l'honneur de vous con-
« naître, c'est la parfaite honorabilité de votre
« caractère. Ai-je besoin d'ajouter que je re-
« pousse les calomnies dont vous avez été l'objet!
« Elles ne peuvent supporter l'examen, et tom-
« bent, d'ailleurs, devant la réparation qui vous
« a pleinement justifié.

« Veuillez agréer, Monsieur le Baron, cette
« expression de mes sentiments auxquels vous
« êtes trop bon d'attacher quelque prix après les
« illustres témoignages que vous avez reçus de

« toutes parts, et agréez en même temps l'assu-
« rance de mon dévouement et de ma haute
« considération.

« François Ponsard,

« Membre de l'Académie française. »

Sur la carte de visite qui accompagnait cette
lettre, l'illustre académicien a encore ajouté ces
quelques mots si noblement sentis : « J'ai bien
« regretté d'avoir été au lit et malade, quand
« vous m'avez fait l'honneur de venir me voir.
« Je vous envoie un petit mot et toutes mes sym-
« pathies. Je garde un très-vif souvenir de tout
« ce que j'ai vu en vous d'excellent et d'affec-
« tueux ; je vous en remercie cordialement et
« vous prie de me conserver une amitié dont je
« m'honore. »

La lettre de Monseigneur de Quimper et de
Léon précise admirablement les services excep-
tionnels que M. Petit de Lafosse a rendus à la
cause impériale :

« Quimper, le 23 mars 1861.

« Monsieur le Baron,

« Je vous remercie de la Notice que vous avez
« bien voulu m'adresser et que j'ai lue avec un

« grand plaisir. Elle serait intéressante pour tout
« le monde ; mais elle l'est surtout pour moi,
« qui ai vécu au milieu de tous les faits dont il
« est question et qui les ai vus s'accomplir. Si le
« département de la Nièvre conserve un précieux
« souvenir de votre administration, l'Empereur,
« de son côté, n'oubliera pas que la proclama-
« tion de l'Empire date véritablement de Nevers...
« L'enthousiasme a éclaté à Nevers, ce résultat a
« été l'œuvre du Préfet : il a tenu à ses habiles
« dispositions et à la confiance qu'il inspirait.

« Le bon pays de Nevers n'est pas toujours
« commode à diriger ; vous avez dû voir plus
« d'une fois la vérité de ce que disait Guy Co-
« quille, qui est à trois cents ans de nous ; je ne
« parle pas d'un proverbe impertinent qu'il cite
« COMME VIEUX : *A Nevers, tout de travers*. Il en
« rapporte un autre : *Les gens du pays de Ni-*
« *vernais*, GENS FERREA, *ne veulent ni mener ni*
« *être menés*... Celui-là me paraît assez juste...

« Agréez tous mes remercîments, ainsi que le
« respect aussi affectueux que profond avec le-
« quel je suis, Monsieur le Baron, votre très-dé-
« voué serviteur et ami,

« † RÉMI, Évêque de Quimper. »

Cette lettre rappelle celle que M. le Préfet de
la Nièvre recevait, peu de temps avant d'être
nommé préfet de seconde classe, de M. le comte
Octave Lepeletier d'Aunay, député de la Nièvre,

dont le père, député lui-même et président du Conseil général, avait été le meilleur ami peut-être de M. Petit de Lafosse, ainsi qu'on a pu le remarquer aux pages 28, 43 et 48 de cette Notice : « Je ne suis point étonné que l'Empereur ait « conservé un bon souvenir de son séjour dans « la Nièvre et qu'il vous en sache gré ; car c'est « notre département, de si triste renommée, qui « lui a ouvert sa marche triomphale..... Les mu-« tations de préfets sont ajournées ; ce sera pour « moi un vif regret, croyez-le bien, de voir se « rompre des rapports qui n'ont jamais cessé « d'être aussi faciles qu'agréables. »

L'opinion de S. Exc. M. le maréchal Niel vient consacrer encore les légitimes espérances si vivement exprimées par deux illustres prélats dont la Nièvre s'honore.

« Quartier général à Toulouse, le 5 septembre 1861.

« Monsieur le Baron,

« J'ai reçu, etc.

« Cette Notice met en évidence les services « que vous avez rendus en des temps difficiles, et « justifie d'avance la solution que vous désirez « et que tout le monde doit désirer avec vous.

« Agréez, etc.

« Maréchal NIEL. »

Voici enfin la lettre de Monseigneur Dufètre, évêque de Nevers, l'ami constant et le témoin assidu de la carrière de l'ancien Préfet de Nevers.

Cette lettre, que le prélat écrivit, en 1860, peu de jours avant sa mort, prend de cette circonstance un caractère religieux et solennel qui en agrandit l'autorité. Ce sont les *novissima verba* d'un homme de bien.

« Monsieur le Baron et digne ami,

« C'est au moment de quitter Montpellier que
« je reçois l'intéressante Notice que vous m'avez
« adressée.
« Quoique je connusse la plupart des faits
« qu'elle contient, je l'ai lue avec un vif plaisir.
« Rarement se peuvent accumuler, à l'honneur
« d'un éminent fonctionnaire, tant de témoigna-
« ges de confiance et de haute estime.
« Si elle passe sous les yeux de l'Empereur, il
« est impossible que vous n'obteniez pas justice
« et que l'on ne donne pas pleine satisfaction à
« des désirs qui sont de véritables droits.

« † Dom. A., Évêque de Nevers. »

Citons encore une lettre très-remarquable du procureur impérial de Pithiviers :

« Mon très-honorable parent,

« Vous m'avez fait l'honneur de m'adresser
« un exemplaire de la Notice qui vous con-
« cerne.

« J'ai lu avec empressement, et, je vous l'avoue,
« avec un certain orgueil intime de famille, cet
« exposé véridique et impartial des nombreux et
« brillants services par vous rendus à la noble
« cause de l'ordre et au gouvernement de l'Em-
« pereur. Je savais déjà les détails de votre lutte
« énergique contre les fauteurs de l'anarchie, et,
« plus d'une fois, j'avais admiré et cité votre atti-
« tude digne et ferme devant l'insurrection. Cette
« période de votre carrière si bien remplie ne pou-
« vait m'échapper, car, ayant vu moi-même de près
« la guerre des barricades, et essuyé en juin 1848
« le feu terrible de l'émeute parisienne, je devais,
« mieux que personne, rendre hommage à votre
« héroïsme et apprécier l'étendue de votre pa-
« triotisme.

« Vous ne pouviez échapper aux coups de l'en-
« vie et de la calomnie ; une trame odieuse a été
« ourdie contre vous, et l'honnête citoyen a suc-
« combé. Mais que de sympathies pour ce revers !
« que d'honorables témoignages sont venus pro-
« tester contre votre disgrâce et vous consoler !
« Disgrâce momentanée qui, si nous en croyons
« l'expérience de chaque jour, semble devoir être
« le complément de la grandeur et la pierre de

« touche du cœur humain ; Dieu merci, elle a fait
« mentir l'adage :

« *Tempora si fuerint nubila, solus eris!*

« Vous n'avez pas été seul dans votre malheur,
« et si les uns, personnages éminents, vous ont
« témoigné hautement leurs sentiments, d'autres,
« dans une condition plus humble, et je suis du
« nombre, ont concentré leur tristesse dans un
« respectueux silence.

« Votre souvenir me flatte et m'honore infini-
« ment. Je désirais ardemment l'heure de la répa-
« ration, et je n'ai jamais douté de la justice de
« notre clairvoyant Empereur.

« La vérité s'est fait jour, comme je l'espérais ;
« votre réhabilitation a dû répandre la confusion
« chez les méchants, honteux de leur triomphe
« éphémère, et dont la calomnie n'a pu jeter
« qu'un voile passager sur un passé dont l'éclat
« les éblouissait.

« J'habite un pays où votre nom est encore
« vivant et où vous comptez des amis dévoués qui
« auraient été heureux de vous avoir comme dé-
« puté, si l'Empereur ne vous avait pas nommé
« receveur général des finances ; à Pithiviers,
« comme à Nevers, comme à Limoges, et partout
« où vous avez passé, votre malheur a été vive-
« ment déploré, et personne ne s'est mépris sur
« la cause de votre infortune.

« Agréez, etc.

« DANIEL BIMBENET.

« *Procureur impérial.* »

§ XVII.

SON ADMINISTRATION COMME RECEVEUR GÉNÉRAL DES FINANCES DE L'ARIÉGE, 1857-1862.

Les derniers vœux du vénéré prélat de la Nièvre, sur cette terre, en faveur de son honorable ami, ne tarderont sans doute pas à se réaliser, en récompense des trente-sept ans d'abnégation, de dévouement de M. Petit de Lafosse, et de son utile gestion dans les finances.

Un accroissement notable dans le recouvrement de l'impôt, une diminution sensible dans les frais de poursuites, la suppression d'un très-grand nombre d'abus et de gestions occultes ; enfin le renvoi ou la condamnation, même par les cours d'assises, de quinze percepteurs sur quarante-cinq placés sous les ordres de M. Petit de Lafosse, réforme sans exemple dans les annales financières, ont signalé son passage dans l'Ariége, malgré les nombreux obstacles qu'il y a rencontrés. Les obstacles sont presque toujours la vie et la gloire de ceux qui les combattent et les surmontent !

Le nom de ce fonctionnaire sera perpétué dans l'Ariége par la prudence et la sage vigueur qu'il a su déployer à propos, en appliquant, avec une rare intelligence, comme dans les départements qu'il avait administrés, la devise de ses ancêtres : *Bien faire et laisser dire* (1).

Cet honorable magistrat justifie ainsi la pensée, si gracieuse à son égard, de l'Empereur à Plombières, en 1857 : *L'avenir encore vous appartient !*

Sa conduite et ses succès, pendant cinq ans à Foix, lui ont valu la constante approbation et les éloges les plus mérités de LL. Exc. M. Magne, M. de Forcade et M. Fould, ministres des Finances.

J'applaudis aux observations contenues dans votre dernier rapport, lui écrivait M. Magne à la fin de 1858, au milieu de complications administratives très-sérieuses ; et, dans une autre lettre de la même époque : *Je ne puis que vous engager à remplir vos fonctions avec la même régularité que par le passé.* Enfin, en 1859, Son Excellence, appréciant de plus en plus la position difficile de M. Petit de Lafosse, le soutenait sans cesse par son approbation, et lui écrivait encore : *Je ne puis que vous réitérer les témoignages de satisfaction que je vous ai déjà adressés.*

Mais, en 1862 notamment, M. le receveur gé-

(1) A cette devise digne des temps antiques par sa simplicité, le premier président Petit de Lafosse, voulant aussi faire ressortir avec une noble fierté sa rigidité comme magistrat, avait ajouté celle-ci, que son fils continue à porter sur ses armes : *Dura lex, sed lex.* La loi est sévère, mais c'est la loi.

néral ayant obtenu un succès complet pour la conversion des rentes, cent pour cent du montant des rentes inscrites et payables dans l'Ariége, et s'étant placé ainsi au premier rang de ses collègues, dans cette circonstance importante pour le Gouvernement, fut l'objet d'un rapport à l'Empereur de la part de M. Fould, ministre des Finances. Son Excellence lui en donna avis dans les termes les plus honorables, en lui témoignant toute sa satisfaction et le bonheur qu'elle avait éprouvé à en rendre compte à Sa Majesté.

A peine M. Petit de Lafosse aura-t-il quitté l'Ariége pour occuper une recette générale plus importante, comme récompense de ses services, qu'il recevra encore un témoignage éclatant d'un magistrat marquant de l'Ariége, très-versé dans les finances et dans la connaissance des hommes et des choses en administration :

« Toulouse, le 8 octobre 1862.

  « Monsieur le Baron,

  « Veuillez agréer mes remercîments empres-
« sés pour le gracieux envoi de votre Notice bio-
« graphique.
  « Il est impossible de la lire sans être pénétré
« pour vous d'une vive sympathie ; sans rendre
« hommage aux nobles qualités d'esprit et de cœur
« qui vous distinguent, à la fermeté surtout

« ainsi qu'au dévouement éclairé qui vous ont
« permis de servir si dignement et si utilement
« votre pays pendant votre longue carrière ad-
« ministrative; sans se féliciter enfin de ce que,
« grâce aux nombreux et flatteurs témoignages
« d'estime que vous avez mérités de la part de
« vos chefs et de plusieurs autres éminents per-
« sonnages de l'époque, vous avez heureusement
« triomphé de la calomnie et obtenu une écla-
« tante justice.

« Ce que la Notice dit brièvement, trop briè-
« vement peut-être, de votre administration fi-
« nancière dans l'Ariége, des abus qu'elle a fait
« disparaître, du bien qu'elle a opéré, en rédui-
« sant surtout d'une manière sensible les frais de
« poursuites, tout en maintenant un accroisse-
« ment notable dans le recouvrement de l'impôt,
« tout cela est la vérité même.

« Cette vérité, reconnue de tous aujourd'hui,
« depuis qu'elle a été proclamée si honorable-
« ment pour vous par les divers ministres des
« finances, a été cependant longtemps contestée
« par la passion ou par l'erreur.

« Elle l'a été même un moment devant le
« Conseil général, devenu juge de vos actes ad-
« ministratifs! Nul ne le sait mieux que moi, qui
« ai pris votre défense dans le sein de ce conseil,
« défense toute spontanée, dictée uniquement
« par un sentiment de justice, et qui ne pouvait
« être suspecte pour personne, puisque, à cette
« époque, je n'avais encore jamais eu l'honneur
« de vous voir, et que vous auriez été pour moi

« un inconnu, si la voix publique ne m'avait ap-
« pris quelques-uns de vos honorables antécé-
« dents.

« Inutile de vous dire après cela, Monsieur le
« Baron, combien je m'associe aux sentiments et
« aux vœux dont la Notice renferme la touchante
« expression de la part de ceux qui vous aiment.

« Il m'est impossible pourtant, je l'avoue, de
« partager la pensée, toute cordiale et aimable
« qu'elle est, de celui d'entre eux qui, en vous
« félicitant d'avoir obtenu une position élevée
« dans la paisible administration des deniers pu-
« blics, se réjouit de vous voir éloigné de la car-
« rière des hautes fonctions administratives ayant
« un caractère politique.

« Cette carrière, je le sais, et vous ne l'avez
« que trop éprouvé, est fertile en orages ; mais
« vous l'avez parcourue avec tant de distinction,
« vous y avez fait et vous pouvez y faire encore
« tant de bien, que je ne puis m'empêcher de
« souhaiter que vous y soyez de nouveau et bien-
« tôt rappelé.

« Ce vœu est contraire sans doute à votre re-
« pos, peut-être même à votre intérêt bien en-
« tendu ; mais vous me le pardonnerez, j'espère,
« parce qu'il est conforme à l'intérêt public.

« N'est-ce pas en ce sens, d'ailleurs, qu'il est
« permis d'interpréter les paroles du plus noble
« et du plus juste appréciateur du mérite, de
« l'Empereur lui-même, quand, en présence de
« votre passé et de votre âge, il daignait dire de
« vous naguère : *L'avenir lui appartient encore ?*

« Puisse dans tous les cas cet avenir vous être
« prospère !

« Recevez, je vous prie, Monsieur le Baron,
« avec l'assurance de mes sentiments les plus dis-
« tingués, celle de mon sincère et bien affectueux
« dévouement.

« F. DARNAUD,

« Ancien président de chambre à la Cour impériale
de Toulouse, ancien député et président du Con-
seil général de l'Ariége. »

Pendant son séjour dans l'Ariége, M. le baron
Petit de Lafosse, que S. M. Léopold Ier, roi des
Belges, avait honoré, vingt ans auparavant, d'une
bienveillance particulière, a été assez heureux
pour témoigner de nouveau sa reconnaissance à
Sa Majesté, à Foix même, par un bien grand ha-
sard. Voici ce qu'on lisait dans l'Indépendance
belge du 30 septembre 1859 :

« Le roi des Belges, se rendant de Biarritz à
Genève et à Bruxelles par la ligne des Pyrénées,
est arrivé, le 25 septembre, à Foix, chef-lieu du
département de l'Ariége, où il a passé vingt-quatre heures.

« Toute la population de la ville s'était portée
au-devant de Sa Majesté, et l'a accueillie avec les
marques de la plus respectueuse déférence.

« Le Roi a particulièrement admis à l'Hôtel
Rousse, où il était descendu, M. le baron Petit
de Lafosse, receveur général des finances de l'A-
riége, ancien sous-préfet de Valenciennes, que

Sa Majesté avait décoré, il y a dix-huit ans, de la croix d'officier de son ordre royal de Léopold. A ce titre, et comme membre de l'Académie de Belgique, M. Petit de Lafosse s'est rendu à huit kilomètres de Foix, au-devant du Roi, et a eu l'honneur de le complimenter encore à son départ, à sa sortie de la ville.

« Partout où le Roi s'arrête dans le voyage qu'il fait incognito dans le midi de la France, il laisse des souvenirs de sa munificence et de son exquise urbanité. »

§ XVIII.

SA NOMINATION AUX FONCTIONS DE RECEVEUR GÉNÉRAL DES FINANCES DE L'AVEYRON, EN 1862.

Au moment de mettre sous presse la première édition de cette Notice, on lisait dans le *Journal de la Nièvre*, du 10 juillet 1862 :

« Parmi les notabilités qui s'étaient rendues à Nevers, le 7 de ce mois, à l'occasion du passage de l'Empereur et de l'Impératrice, on remarquait M. Petit de Lafosse, ancien Préfet de la Nièvre, qui a eu l'honneur de recevoir Sa Majesté en 1852.

« Cet ancien magistrat, on le sait, a quitté la carrière administrative pour celle des finances, et, la veille du départ de l'Empereur pour Nevers, il a reçu l'avis de l'avancement marquant auquel il vient d'être appelé. M. Petit de Lafosse passe de la recette générale de l'Ariége à celle de l'Aveyron. Il s'est donc empressé de se rendre à Nevers pour témoigner sa reconnaissance et son dévouement à Sa Majesté, qui, par cet acte de bienveillante justice, au moment où Elle se rendait à Nevers, semblait céder à l'impression des souvenirs du Nivernais.

« En effet, l'Empereur a dit au Maire de Nevers, au moment où ce magistrat lui remettait les clefs de la ville :

« Je viens toujours à Nevers avec plaisir. J'ai
« gardé bon souvenir de l'accueil que j'y ai reçu
« en 1852, et je n'oublie pas que Nevers est la
« première ville où l'Empire a été acclamé. J'es-
« père que, de leur côté, ses habitants ne regret-
« tent pas ce qu'ils ont fait alors : ma constante
« préoccupation est et sera toujours le bonheur
« de la France. »

« La récompense accordée à l'ancien Préfet de la Nièvre la veille du jour de l'arrivée de l'Empereur à Nevers, et les paroles mêmes de Sa Majesté au Maire de la ville, n'avaient-elles pas été prophétisées par un prélat de la Nièvre, Monseigneur Sergent, évêque de Quimper, qui écrivait, en 1861, à M. Petit de Lafosse : « Si le dé-
« partement de la Nièvre conserve un précieux
« souvenir de votre administration, l'Empereur,

« de son côté, n'oubliera pas que la proclamation
« de l'Empire date véritablement de Nevers.... »

« Et ne sait-on pas, en outre, que l'Empereur,
à la suite de son séjour à Nevers, les 15 et 16
septembre 1852, fit adresser son portrait à M. Petit de Lafosse, avec ces paroles mémorables pour
le Préfet et pour le département : « Cette gra-
« cieuse distinction n'est qu'une autre forme des
« remercîments que l'Empereur se plaît à devoir
« à votre dévouement... Sa Majesté n'a pu s'é-
« tonner du bon esprit qui anime le département
« de la Nièvre, puisque c'est vous qui l'admi-
« nistrez. »

« Heureux sont les serviteurs fidèles qui savent
conserver l'auguste bienveillance de leur souverain ; plus heureux peut-être les princes qui n'ou-
blient rien des dévouements qui, s'étant mani-
festés avec abnégation avant leur avénement au
pouvoir, se font encore remarquer sous le régime
national fondé pour le bonheur de la France! »

§ XIX.

APPRÉCIATIONS ET CONCLUSIONS.

Personne ne pourra contester, après la lecture
de cette Notice, ce que deux respectables curés
de campagne de la Haute-Vienne écrivaient, dernièrement encore, en 1864, à M. Petit de Lafosse,

en lui renouvelant, au 1ᵉʳ janvier, leur vive reconnaissance pour ses bienfaits d'autrefois. Celui
de l'arrondissement de Bellac s'exprime ainsi
Qui jamais, en dépit de l'adage :

« *Tempora si fuerint nubila, solus eris* (1), »

*en a reçu plus que vous de ces témoignages si
doux au cœur, si flatteurs pour l'amour-propre
permis? Vous êtes, Monsieur le Baron, du très-
petit nombre de ceux qui font mentir le poëte
latin.*

*Que puis-je vous souhaiter que vous n'ayez
déjà? les plus heureuses qualités de l'esprit et du
cœur ; les joies intimes de la famille ; les sympathies les plus honorables et les plus sincères ; les
titres honorifiques et les distinctions les mieux
méritées, et plus encore la conscience d'avoir,
fidèle à votre devise, bien fait toujours et fait le
bien : tout cela ne l'avez-vous pas? Ainsi de ce
qui constitue le vrai mérite, de tout ce qui fait le
charme de la vie, y ajoute du prix, y donne du
lustre et en fait la plus douce jouissance, il ne
vous manque rien. Et qu'y a-t-il encore qui*

---

(1) Si l'infortune arrive, on vous laissera seul.

Donec eris felix, multos numerabis amicos ;
Tempora si fuerint nubila, solus eris.
Ovide.

Heureux, vous trouverez des amitiés sans nombre,
Mais vous resterez seul, si le temps devient sombre.
PONSARD, de l'Académie française.
(Voir sa lettre, p. 144.)

*puisse être l'objet d'un vœu à vous exprimer à
ce renouvellement de l'année? Il ne me reste,
Monsieur le Baron, qu'à vous dire encore, avec
ce même poëte latin qui fut disgracié comme
vous :*

« *Di tibi dent annos! cætera tumet habes* (1). »

Le curé de l'arrondissement de Saint-Yrieix
termine sa lettre de la manière la plus touchante :
*La place principale de notre modeste bourg, qui
porte votre nom écrit en gros caractères, perpé-
tuera le souvenir de votre passage parmi nous, et
il sera dit de vous, Monsieur le Baron, comme du
divin Maître :* Transibat benefaciendo.

Puissions-nous avoir prophétisé juste dans
notre modeste rôle d'historien en rappelant tant
d'éminents services, selon les expressions mêmes
de M. le comte de Morny, et nous verrons M. le
baron Petit de Lafosse longtemps encore à l'œuvre avec sa haute expérience des hommes et
des affaires, et *cette distinction qui est chez lui,*
pour emprunter la pensée d'une personne notable de l'Ariége, *la manifestation extérieure et
visible des meilleurs sentiments du cœur et des
plus délicats instincts de l'esprit.*

L'envoi de la Notice biographique de M. le
baron Petit de Lafosse à NN. SS. les Évêques de
Quimper et Léon, Pamiers et Rodez, a motivé,

(1) Que les dieux te donnent les années! le reste, tu le trouveras
en toi-même.

de la part de ces vénérables Prélats, trois lettres si remarquables, que nous nous faisons un devoir de les reproduire à la suite de cette Notice, qu'elles résument et complètent à tous les points de vue.

La lettre de l'évêque de Quimper a la franche et la cordiale facilité d'une estime et d'une amitié qui ne datent pas de quelques années seulement, et qui va droit au but, dans un sentiment d'affection et de justice.

Nous aimons beaucoup aussi la lettre douce, polie, gracieuse et sympathique de l'évêque de Pamiers.

Quant à celle de Monseigneur de Rodez, c'est tout un évangile doux et élevé ; elle est vraie, éloquente, naturelle, bien pensée et bien sentie ; elle a une forme littéraire si remarquable qu'elle sera citée, partout, comme une merveille du genre épistolaire.

« Loperhet (Finistère), en cours de visite pastorale,
le 8 octobre 1862.

 « Monsieur le Baron,

 « Je vous remercie de votre bienveillant sou-
« venir. En rentrant à Quimper, je trouverai la
« nouvelle édition que vous voulez bien m'an-
« noncer, et je la lirai avec un vif intérêt. Dans

« des temps difficiles, vous avez servi l'Empe-
« reur très-efficacement à Nevers, et il s'en sou-
« vient. Vous paraissez avoir quelque foi dans
« mes prophéties ; permettez-moi donc de vous
« dire que vous n'êtes pas encore arrivé, et que
« l'Empereur ne vous laissera pas toujours à
« Rodez.

« Veuillez offrir mes hommages à Madame de
« Lafosse, ainsi qu'à Monsieur et Madame de
« Coynart, pour qui je fais des vœux bien sin-
« cères.

« Veuillez ne pas m'oublier auprès de l'excel-
« lent Évêque de Rodez. — Je vous écris, comme
« je peux, au milieu d'une tournée.

« Agréez le respect très-affectueux avec lequel
« je suis,

« Monsieur le Baron,

« Votre dévoué serviteur,

« † Rémi, Évêque de Quimper. »

« Unac (Ariége), en cours de visite pastorale, le 11 octobre 1862.

« Monsieur le Receveur général,

« Je viens de recevoir, avec un vrai sentiment
« de gratitude, la brochure que vous avez bien
« voulu m'adresser, et j'en ai lu l'épigraphe
« avec une émotion de sensibilité que je ne veux
« pas différer de vous exprimer. Je suis sûr d'a-
« vance du plaisir que me causera la lecture de
« cette Notice, et je vous en remercie de tout
« cœur.

« Nos relations, pendant votre séjour dans
« l'Ariége, n'ont pas été très-fréquentes ; les
« circonstances locales, je veux dire la distance
« qui séparait nos résidences, y mettaient obsta-
« cle, et je l'ai plus d'une fois regretté.

« Votre récent avancement nous éloigne en-
« core plus ; mais il ne saurait affaiblir le souvenir
« d'un passé qui m'est cher. J'y ai applaudi sin-
« cèrement, comme à une récompense méritée
« par votre zèle intelligent et dévoué.

« Ce que l'avenir peut vous réserver encore
« d'heureux, pour vous-même ou pour les mem-
« bres de votre famille, ne me trouvera jamais
« indifférent.

« Veuillez agréer, Monsieur le Receveur gé-
« néral, et me permettre d'offrir ici à Ma-

« dame de Lafosse , l'hommage de ma haute
« considération et de mes respectueux senti-
« ments.

« † Auguste, Évèque de Pamiers. »

____

« Vabres, près Saint-Affrique (Aveyron), le 15 octobre 1862.

« Monsieur le Receveur général,

« J'ai lu avec le plus vif intérêt la Notice que
« vous avez bien voulu m'envoyer. J'y ai vu un
« homme distingué aux prises avec l'âpreté des
« temps, et se frayant, à travers de glorieux pé-
« rils, la voie aux honneurs d'une haute position.
« Je l'ai vu ensuite porter avec force et dignité
« le poids momentané d'une disgrâce qui devait
« rehausser encore l'éclat de son mérite. Sorti
« victorieux de la double épreuve des succès et
« des revers, où succombent les âmes vulgaires,
« il a eu l'avantage d'expérimenter la douceur
« d'une bonne conscience et le prix de l'amitié
« qui reste fidèle au malheur.
« Tel est, Monsieur, le résumé de votre vie pu-
« blique, dont vous garderez, je n'en doute pas,
« tout le mérite, en le rapportant à Dieu, l'inspi-
« rateur de tout bien, qui vous a soutenu dans
« la bonne et la mauvaise fortune, pour vous
« préserver de l'orgueil qui enfle et du découra-
« gement qui tue.

« Je m'unis à vous pour remercier ce Dieu si
« bon, qui nous a promis de ne pas permettre
« que nous soyons tentés au-dessus de nos forces
« et de ne pas abandonner celui qui ne s'aban-
« donne pas lui-même.

« J'ai recueilli aussi de votre Notice biogra-
« phique certaines pensées consolantes pour le
« cœur. J'y ai vu d'abord que, si les dépositaires
« du pouvoir sont sujets à errer, leurs erreurs ne
« sont pas toujours irréparables, et que le calme
« se fait quelquefois dans les régions orageuses
« de la politique, parce que le pouvoir, qui est
« la première nécessité des peuples, est de sa na-
« ture juste et conservateur, et qu'il n'y a d'im-
« pitoyable que les factions anarchiques.

« Il est bien consolant aussi de voir un grand
« nombre d'hommes dévoués se grouper autour
« d'une infortune imméritée, et donner ainsi le
« démenti au poëte ancien, qui représente le
« malheur dans un complet isolement : *Solus eris!*
« C'est qu'entre l'époque où ces paroles ont pu
« être dites avec vérité et la nôtre, il y a un fait
« immense qui a régénéré l'humanité, je veux
« dire la vérité chrétienne, qui a versé dans les
« âmes et continue d'y faire couler à grands flots
« l'amour désintéressé et le tendre dévouement
« envers ceux qui souffrent.

« Parmi ces personnages distingués, en si
« grand nombre, qui ont adouci, j'allais dire
« *embelli* votre disgrâce, je remarque, avec une
« satisfaction particulière, S. Ém. le cardinal
« Giraud, qui fut l'un de mes prédécesseurs sur

« le siége de Rodez, et Monseigneur Menjaud,
« qui fut pour moi longtemps un père et toujours
« un ami de cœur. Les sympathies honorables de
« ces illustres prélats sont à mes yeux un fonds de
« succession que j'ai le droit de recueillir, en y
« ajoutant les sentiments personnels que vous
« m'avez déjà inspirés. En me plaçant en si bonne
« compagnie, je suis assuré de trouver à occuper
« quelque coin dans votre cœur, où vous gardez
« tant de précieux souvenirs.

« Recevez, Monsieur le Baron, l'assurance de
« mon estime bien sincère et de mon affectueux
« dévouement.

« † Louis, Évêque de Rodez. »

Avant de terminer, qu'il nous soit permis de
citer encore les sentiments judicieux des députés
de l'Aveyron, et les appréciations remarquables
de l'un des hauts dignitaires et de l'un des préfets
les plus distingués de l'Empire; on les prendrait,
à juste titre, pour la préface de l'ouvrage.

« Paris, le 20 octobre 1863.

« Monsieur le Baron,

« J'ai reçu la lettre, en date du 14, que vous
« m'avez fait l'honneur de m'écrire, et l'intéres-
« sante brochure qu'elle m'annonçait.

« C'est avec un vif sentiment d'estime et de
« sympathie que j'ai lu les pages si animées qui
« racontent la carrière où vous vous êtes montré
« le digne héritier de vos ancêtres.

« Veuillez recevoir, avec mes remercîments
« pour cet envoi, tous mes compliments pour le
« rôle si distingué que vous avez rempli dans les
« fonctions publiques les plus élevées et les plus
« périlleuses.

« Cette lecture, vous le comprendrez facile-
« ment, Monsieur le Baron, n'a pu qu'augmenter
« encore les sentiments de haute estime et de
« considération que vous m'avez inspirés depuis
« nos premières relations.

« Votre bien dévoué,

« Auguste Chevalier,

« Député de l'Aveyron, Président du Conseil général
« du département. »

« Bordeaux, le 22 octobre 1863.

« Monsieur le Baron,

« La Notice que vous avez eu la bonté de m'en-
« voyer est d'un intérêt saisissant. On se de-
« mande, après l'avoir lue, ce qui a donné le
« plus de relief à votre carrière, ou de ses longs
« succès, ou de la disgrâce momentanée que vous
« y avez subie.

« Dans les temps si tourmentés, le bien est
« difficile à faire; il attire l'expiation aussi sou-
« vent que la récompense. Cela se voit journel-
« lement. Mais ce qui est fort rare, c'est que les
« jours d'épreuve soient exempts de défaillance,
« et qu'ils ne soient même pas *noircis par le char-*
« *bon de la calomnie.* Vous avez eu ce privilége,
« Monsieur le Baron; il vous a valu une répara-
« tion qui ne vous laisse rien à regretter.

« Tous ceux qui liront la Notice y trouveront
« une moralité consolante et un précieux encou-
« ragement à suivre la vieille maxime : *Fais ce*
« *que dois.....,* dont le précepte, impérieux à
« toutes les époques, l'est surtout à la nôtre.

« Veuillez agréer, Monsieur le Baron, l'expres-
« sion de mes meilleurs sentiments de haute con-
« sidération et de dévouement.

« H. ROQUETTE,
« *Président du Tribunal civil de Bordeaux, Vice-Président*
« *du Conseil général de l'Aveyron.* »

« Château de Buzareingues (Aveyron), le 1er novembre 1863.

« Monsieur et cher Baron,

« J'ai à vous remercier de l'intéressante Notice
« que vous avez bien voulu m'envoyer; je l'ai lue
« avec le plus grand plaisir.

« Vous continuez de suivre dignement la
« voie qui vous a été ouverte par votre illustre
« père.

« Si une injuste disgrâce est venue un moment
« affliger votre vie, elle vous a fourni l'occasion
« de mettre en relief la trempe solide de votre
« caractère et la sincérité des sentiments bien-
« veillants que vous aviez su inspirer.

« Il est consolant pour l'humanité de voir que
« l'infortune n'est pas toujours le signal des dé-
« fections, et qu'il y a même de hautes amitiés
« qui savent lui résister. C'est que le courage,
« l'amour du pays, l'abnégation et tous les no-
« bles sentiments trouveront toujours des cœurs
« honnêtes qu'ils feront vibrer à l'unisson. Le
« fonctionnaire peut être délaissé dans l'infor-
« tune, mais l'homme d'esprit et de cœur con-
« serve à jamais ses amis, parce que la disgrâce
« ne saurait lui enlever la meilleure partie de sa
« valeur. On visite le Receveur général, et l'on
« revient charmé de la grâce et de l'aménité du
« Baron Petit de Lafosse ; le fonctionnaire peut
« disparaître, que l'honneur de trouver une
« place dans l'amitié du Baron n'est pas moins
« recherché.

« Tels ont été, Monsieur, les sentiments que
« j'ai éprouvés à votre contact. La lecture de
« votre biographie n'a fait que les confirmer ; je
« serais fort touché de les voir réciproques.

« Veuillez agréer, Monsieur et cher Baron,
« l'assurance de ma haute considération et l'ex-

« pression de mes sentiments les plus affectueux
« et les plus dévoués.

« Girou de Buzareingues,

« *Député de l'Aveyron, Membre du Conseil général*
« *du département.* »

———

« Monsieur le Baron,

« J'ai lu avec un intérêt extrême la biographie
« que vous m'avez fait l'honneur de m'adresser.

« Vous êtes de ceux dont la carrière adminis-
« trative a été marquée par un concours de cir-
« constances qui font honneur, et dont il est
« justement permis de se glorifier. En suivant les
« incidents et les péripéties qui se sont attachés
« à votre administration, j'ai compris toute l'im-
« portance que vous mettiez à faire connaître la
« vérité. Il ne suffisait pas que le Gouvernement
« appréciât vos services, il fallait que l'opinion
« publique, édifiée, puis trompée sur votre
« compte, fût mise à même de rendre hommage
« au courageux et dévoué fonctionnaire tombé
« victime de la calomnie.

« Je vous avoue aussi que cette biographie m'a
« paru une chose originale et qui serait peut-être
« digne de passer dans nos mœurs. Je sais bien
« qu'à cela il se rencontrerait des obstacles : bien
« des hauts fonctionnaires auraient une histoire
« trop terre à terre pour motiver sa publication ;

« mais il en serait comme de toutes choses en ce
« monde, les faibles passeraient inaperçus, et les
« forts constitueraient l'armée d'élite du corps
« administratif.

« Votre Notice n'est point un panégyrique où
« l'auteur ne se soit proposé que l'éloge de son
« héros ; c'est un exposé simple, précis, saisissant
« et lumineux de faits, d'actes et de sentiments
« que chacun peut apprécier, en sorte qu'après
« sa lecture on est forcément de l'avis de l'au-
« teur.

« L'Empereur vous a rendu justice, et j'ai en-
« tendu dire qu'il voulait vous la rendre plus
« complète encore...

« Je joindrai toujours ma voix à celle de tous
« les arbitres qui savent vous apprécier.

« Agréez, Monsieur le Baron, la nouvelle assu-
« rance de ma considération la plus distinguée et
« celle de mon affectueux dévouement. »

***

« 15 juin 1864.

« *Le Préfet du département d* . . . . .

« Mon cher ancien collègue et ami,

« Je viens de lire, et avec quel sentiment affec-
« tueux, vous le comprenez, la Notice biogra-
« phique que vous avez bien voulu m'envoyer.
« La prophétie de l'évêque de Quimper se réali-
« sera. Avec les hommes de votre trempe, l'ave-
« nir n'a de bornes que là où finit la vie. Dois-je
« pourtant, mon cher Baron, désirer vous voir
« reprendre dans l'Administration la place que
« vous avez si dignement, si courageusement te-
« nue? Oui, sans doute, pour la France, pour
« l'Empereur, qui n'auront jamais assez de servi-
« teurs de votre valeur et de votre initiative. Pour
« vous-même, je ne sais?... Il y a bien du vrai,
« mon cher Baron, dans ce que vous écrivait le
« Doyen de la Faculté de droit de Poitiers :
« L'administration, cette carrière si fertile en
« orages, dans laquelle on est d'autant plus ex-
« posé qu'on a fait plus de bien..... » Quand je
« pense que c'est au lendemain de votre magni-
« fique affaire de Clamecy que vous étiez dé-
« noncé comme manquant d'énergie, c'est à ne
« pas le croire pour qui n'a vu de ses yeux ce
« que peut et ce qu'ose la calomnie (1)! Comme

(1) Au poison de la calomnie il n'y a qu'un antidote, c'est la publicité. — Émile DE GIRARDIN.

(*Note de l'auteur.*)

« préfet, je souhaite bien ardemment de vous
« voir rentrer dans la phalange sacrée, parmi ceux
« qui, au 2 *décembre*, faisaient le sacrifice de leur
« vie à la cause du droit, de l'ordre, de la gran-
« deur nationale, et qui, demain, sont prêts en-
« core à vaincre ou à mourir avec l'Empereur.
« Comme ami, mon cher Baron, je me demande
« s'il ne vaut pas mieux, jusqu'à soixante-dix
« ans, cueillir, honoré, aimé, recherché pour
« son esprit, son caractère, pour tout ce qui vous
« élève si haut dans l'estime commune, les pom-
« mes d'or de la finance, que de doubler une se-
« conde fois le cap des tempêtes.

« Quoi que vous désiriez, quoi qu'il vous ad-
« vienne, soyez bien sûr que jamais votre fortune
« ne dépassera ce dont ceux qui vous ont vu de-
« puis trente-cinq ans à l'œuvre vous jugent di-
« gne, et ce qu'ils désirent pour vous.

« Madame *** se rappelle au bon souvenir de
« Madame de Lafosse et à l'affection de Madame
« de Coynart. Elle embrasse son petit garçon et
« fait des vœux bien sincères pour qu'elle trouve
« enfin de ce côté le bonheur qui vous est si
« bien dû.

« Merci, mon cher et excellent collègue, de vos
« affectueux sentiments, et tenez-vous pour as-
« suré que ceux que je vous ai voués ne sont pas
« moins sincères. »

***

SOCIÉTÉ LITTÉRAIRE, HISTORIQUE ET AGRICOLE, PROTECTRICE
DE LA BIBLIOTHÈQUE ET DU MUSÉE DE LA VILLE DE VARZY,
DÉPARTEMENT DE LA NIÈVRE.

Extrait du procès-verbal

de la séance du 28 juin 1864.

Présents : M. Charles Rambourg, membre du Conseil général de la Nièvre, président de la Société, et M. M..., etc.

M. le baron Petit de Lafosse, ancien préfet de la Nièvre, receveur général des finances de l'Aveyron, assiste à la séance.

La parole est donnée à M. Grasset, officier d'Académie, conservateur de la Bibliothèque et du Musée....

Après l'ordre du jour, M. le baron Petit de Lafosse demande à M. le Président la permission d'adresser ses remercîments à la Société pour l'honneur qu'elle a bien voulu lui faire en l'admettant à la séance.

Dans une improvisation chaleureuse et vivement sentie, cet honorable ancien magistrat de la Nièvre expose que rien ne peut l'étonner dans ce Musée si intelligemment établi par les soins de son habile et savant conservateur, M. Grasset,

dont il est l'ami depuis plus d'un demi-siècle ;
qu'il éprouve une vive émotion en se retrouvant
au milieu d'une réunion dont les membres l'ont
secondé avec tant d'abnégation et de courage
dans les temps les plus difficiles de notre époque,
notamment en 1851, pour conjurer les périls qui
menaçaient l'ordre et la société.

Après avoir rappelé avec bonheur les différentes phases de son administration comme sous-
préfet de Clamecy pendant sept ans, de 1833 à
1839, et comme préfet de la Nièvre pendant plus
de quatre ans, de 1848 à 1853, il exprime que
c'est avec un sentiment de noble orgueil qu'il se
retrouve aujourd'hui dans la ville natale des trois
Dupin et de M. Delangle, les quatre plus glorieux enfants de la Nièvre..... « Je suis heureux
« et fier, ajoute-t-il, de trouver une nouvelle
« occasion d'attribuer ici même, à Varzy, comme
« je l'ai proclamé jadis dans vos comices, les
« avancements marquants, les succès peut-être
« que j'ai obtenus pendant trente années de ma
« carrière administrative, à un jurisconsulte-ad-
« ministrateur d'éminente et vénérable mémoire.
« J'ai eu la chance heureuse, étant jeune encore,
« de me trouver pendant sept ans, à Clamecy,
« près de M. le conseiller d'État Dupin père, an-
« cien sous-préfet de Clamecy, à bonne école de
« grand sens, de science administrative et de
« patriotisme éclairé ; je dois à sa mémoire, dans
« son pays de naissance et de fidèle affection, le
« plus grand hommage de reconnaissance.... »

L'Assemblée tout entière ayant interrompu M. le baron Petit de Lafosse par ses applaudissements, il ajoute aussitôt : « Laissez-moi , Mes-« sieurs , tout le mérite de ma conscience.... « L'honneur affectueux que je reçois de vous en « ce moment m'enhardit à vous adresser une « prière : déjà, votre honorable conservateur a « classé, avec votre assentiment, dans votre bi-« bliothèque, une Notice qui me concerne, et il « a bien voulu encore marquer, depuis quelque « temps, une place réservée pour l'objet d'art « que je me propose d'adresser à votre Musée ; « Eh bien ! Messieurs, mettez le comble à votre « amitié d'autrefois que vous renouvelez si affec-« tueusement aujourd'hui , en admettant votre « ancien préfet, le magistrat de ferme intégrité, « j'ose le dire, qui a passé avec vous des jours « parfois bien mauvais, et qui s'est instruit avec « vous dans le maniement des hommes et des « affaires, admettez-le, dis-je, comme membre « titulaire de votre Société...... Je ne saurais « emporter de la Nièvre un souvenir plus pré-« cieux, une plus noble sympathie. »

A peine M. le baron Petit de Lafosse a-t-il fait connaître ce désir honorable que l'Assemblée tout entière se lève en partageant sa vive émotion, et le nomme , par acclamation, membre titulaire de la Société.

M. le président se félicite personnellement d'être appelé à proclamer un résultat qui donne à la Société un nouveau membre dont il n'ose parler en ce moment dans la crainte d'affaiblir les sentiments chaleureux de ses collègues.

Nous reverrons toujours avec bonheur, au milieu de nous, notre ancien préfet, dit en terminant M. le président Rambourg, *dans notre beau et bon pays de la Nièvre où il nous a tous eus pour amis.*

L'Assemblée partage, avec une vive satisfaction, les sentiments exprimés par son honorable président.

Pour copie conforme :

Le Secrétaire de la Société.

Auguste Grasset.

BIBLIOTHÈQUE ET MUSÉE DE LA VILLE DE VARZY.

Varzy (Nièvre), le 18 juillet 1864.

Monsieur le baron et honorable collègue,

Au nom de la ville de Varzy et des membres de la Société protectrice de son Musée, j'ai l'honneur de vous adresser l'expression de leur reconnaissance d'avoir bien voulu enrichir ce Musée d'un admirable émail de Limoges du dix-septième siècle, représentant la scène de la flagellation du Christ.

Ce don empreint d'une grande générosité, et qui est une des richesses du Musée, a été inscrit au catalogue sous le n° 45, série des verres, cristaux, émaux et vitraux.

Votre nom honorable a été également inscrit

sur la liste des bienfaiteurs des collections du Musée.

Recevez, Monsieur le baron et cher collègue, la nouvelle assurance de ma haute considération et de mon entier dévouement.

Le Président de la Société,

Membre du Conseil général du département,

RAMBOURG.

A la même époque, au mois de juillet 1864, le roi des Belges, Léopold Ier, pendant son séjour à Vichy, voulut bien renouveler son vif intérêt à *son ancien voisin*, expressions mêmes de Sa Majesté, et daigna le recommander d'une manière particulière à l'Empereur et à M. le ministre des finances.

Lorsque M. Petit de Lafosse, en prenant congé du Roi, voulut lui témoigner sa profonde reconnaissance en rappelant que déjà, sous le dernier règne, c'était en grande partie à Sa Majesté qu'il avait dû sa promotion à une préfecture, étant sous-préfet de Valenciennes : *Vous devez tout à vous-même, mon cher Baron,* lui répondit le Roi avec une exquise bonté, *à vos longs et utiles services. L'Empereur est très-bienveillant pour vous, et M. le ministre des finances m'a fait grand plaisir en me disant qu'il serait très-heureux d'appeler sur vous, à la première occasion, la bienveillance de Sa Majesté. Pour moi, je n'oublierai jamais vos bontés pour ma famille pendant les sept années que vous avez passées dans*

*le Nord, ni votre bon accueil, à Foix, en 1859...
Je conserve surtout le souvenir des sympathies
touchantes que vous m'avez adressées, de Nevers,
il y a quatorze ans, et auxquelles je me suis empressé de répondre, à l'occasion de la mort de la
Reine.... Je vous suivrai toujours avec un vif
intérêt dans votre carrière.*

Sire, répliqua M. Petit de Lafosse avec un à-
propos de souvenir et une élévation de sentiments
qui parurent vivement impressionner le Roi, *la
mémoire du cœur est héréditaire dans ma famille. La lettre que Votre Majesté m'a fait l'insigne honneur de m'écrire, à Nevers, le 2 NOVEM-
BRE 1850, est classée à jamais en illustrant mes
modestes archives..... Daignez, Sire, emporter l'assurance que ma vive gratitude pour toutes
les bontés dont le Roi et la Reine m'ont honoré,
sera éternelle.*

<h2 style="text-align:center">§ XX.</h2>

NOMINATION DE M. LE BARON PETIT DE LAFOSSE AUX FONCTIONS DE TRÉSORIER-PAYEUR GÉNÉRAL DE L'AVEYRON, EN 1866.

Avant de quitter la direction du Personnel et
de l'Inspection générale des finances pour prendre sa retraite, M. Pline Harmand a adressé à
M. le baron Petit de Lafosse, le 21 novembre
1865, la lettre la plus honorable, dont nous re-
produisons un extrait comme appendice de notre
ouvrage :

« Il me reste le chagrin de n'avoir pu, avant
« mon départ du ministère, vous faire obtenir le
« changement que vous désirez par des motifs
« bien dignes d'intérêt. Je fais des vœux pour
« que cette juste satisfaction vous soit accordée
« le plus tôt possible.

« Veuillez agréer, Monsieur le Baron, l'expres-
« sion de mes sentiments de haute considération
« et de mon dévouement le plus profond.

« P. HARMAND. »

Au moment où, en 1866, nous terminions cette
Notice qui, par les documents historiques et les
faits intéressants qu'elle contient, a pris des proportions que nous ne pouvions pas prévoir, nous
avons appris que l'Empereur avait nommé M. le
baron Petit de Lafosse trésorier-payeur général
de l'Aveyron, en vertu du décret du 21 novembre 1865, qui a réuni les deux fonctions des re-
ceveurs généraux et des payeurs des départements en une seule, sous le titre de trésoriers-
payeurs généraux.

Que M. le baron Petit de Lafosse jouisse longtemps encore des fruits si purs de ses trente-huit
années de travaux et de succès au barreau, dans
l'Administration, dans la Politique et dans les
finances.

Bien rares sont les fonctionnaires qui peuvent

invoquer, en si grand nombre, d'aussi honorables et d'aussi augustes souvenirs que ceux que nous avons rappelés dans cette trop courte esquisse d'une vie si noblement remplie et consacrée. tout entière au service et à la gloire du pays.

On sent dans toute la vie de M. le baron Petit de Lafosse, comme dans celle de son père, de savante et illustre mémoire, l'application de la grande parole de Montesquieu : *Ce sont les faits qui louent.*

FIN.

TABLE DES MATIÈRES.

FIN DE LA TABLE DES MATIÈRES.